3S 행복 트라이앵글
STUDY, SMILE, SERVICE

3S 행복 트라이앵글
STUDY, SMILE, SERVICE

2009년 8월 22일 1판 1쇄 발행
2012년 9월 7일 1판 4쇄 발행

글 김용은

펴낸이 백인순
펴낸곳 위즈앤비즈

주소 서울시 은평구 역촌동 22-14 요셉빌딩 5층
전화 02-324-5677
출판등록 2005년 4월 12일 제 313-2005-000070호

ISBN 978-89-92825-39-9
값 10,000원

청소년의 마음을 여는 살레시오 교육영성
The Preventive System in the Education of the Young

3S

행복 트라이앵글

STUDY SMILE SERVICE

김용은 글

위즈앤비즈
Wisdom & Vision

살레시오 교육영성
Salesian Preventive System
청소년의 마음을 여는 행복 트라이앵글
STUDY , SMILE , SERVICE

나는 3S입니다

나는 스터디(Study)입니다.
진리(truth)를 탐구하지요.
사람들은 '진리'를 잘 알아보지 못합니다.
생각을 잊고 살기 때문이지요.
진리는 생각을 들을 줄
아는 사람과 함께 합니다.

나는 스마일(Smile)입니다.
세상을 아름답게(beauty)하는 기쁨이지요.
기쁨은 거저오지 않습니다.
'마음'을 보살펴야 합니다.
마음과 생각은 아주 친해서

마음이 웃으면 생각도 맑아지고
생각이 웃으면 마음도 환해져요.

나는 서비스(Service)입니다.
선(goodness)을 실천하는 섬김의 정신입니다.
이웃을 향해 움직여야 합니다.
스터디와 스마일이 양쪽 날개가 되어 준다면
날을 수도 있습니다.

나는 당신이
옳은 일을 선택하고(스터디)
자발적이며 기쁜 마음으로(스마일)
움직이며 헌신하는(서비스)
행복한 사람이었으면 합니다.

그리하여
행복으로 행복을 열고
행복으로 행복을 느끼며
행복으로 행복을 나누는
진짜 행복한 사람이었으면 참 좋겠습니다.

'교육'은 '훈련'이 아닌 '영성'이어야 합니다

"누가 대한민국의 고등학생을 미치게 만드는가? ……. 당신들의 생각과 그 치졸한 합의 속에 학생은, 우리는, 도대체 어디에 있습니까? ……. 명심하십시오. 우리 가슴속의 분노와 피해의식. 그 모든 것은 바로 당신들이 키웠습니다."

한동안 고교생 중심으로 빠른 속도로 퍼져나갔던 〈죽음의 트라이앵글〉이라는 동영상 내용의 일부입니다. 기성세대를 향한 칼날 같은 비아냥거림과 분노가 가득합니다. 터져 나와 헤집고 돌아다니는 그들의 분노가 안타깝기도 하고 미안한 마음에 '그것이 아니다'라고 부정하고 싶지만 이것이 현실임을 어찌합니까. 학교로 학원으로 사정없이 돌고 돌다 집에 와서도 학습지 지도를 받아야하는 우리 아이들의 현실이 너무 슬픕니다. 가끔 어두컴컴한 운동장 구석에서 공소리가 납니다. 그 소리가 왜 그리도 반가운지 모르겠습니다. 푸른 하늘 햇빛이 아닌 어둔 밤 별빛아래서 소리를 지르며 노는 아이들이 참으로 기특하게 느껴지는 이유는 무엇일까요? 그저 달려가 "놀아줘서 정말 고맙다"라고 소리치며 칭찬해 주고 싶을 정도입니다.

'죽음의 트라이앵글'이란 말은 비단 '내신, 수능, 대학별고사'라는 뜻만을 의미하지는 않습니다. 이는 드넓은 하늘아래 마음껏 생각과 의지를 펼치지 못하고 즐거움을 누리지 못하는 아이들의 아픈 현실입니다. 사람은 돌아갈 수 있는 추억이 있어 행복합니다. 그런데 우리 아이들이 커서 어떤 추억을 돌아볼지 궁금합니다. 우리는 아이들에게 '교육'을 한다기보다 '훈련'을 하고 있다는 생각이 듭니다. 매일 반복되는 학습과 일상은 새로움에 대한 기대나 미래에 대한 도전과 꿈을 어둡게 만듭니다. 고작 눈앞에 있는 성적관리에 급급하니까요. 행복하여야 할 권리를 찾지 못하니 행복하기 위한 최소한의 책임과 의무도 찾기 어렵습니다. 그러니 조그만 '틈'만 있으면 삶의 가치와 의미를 찾기보다 한순간에 먹어치우는 '재미'에 빠질 수밖에 없습니다.

이러한 현실에서 부모와 교육자는 '훈련'이 아닌 '교육'을 해야 합니다. 보이는 것보다 보이지 않는 것이 더 많다는 것, 그리고 그것이 세상을 움직이게 한다는 것을 깨닫고 알게 해야 합니다. 행복하기 위해서는 없는 것을 갈망하기 보다는 있는 것에 만족해야 한다는 것을, 성공하기 위하여 남을 밀치고 올라서는 것보다 멈춰 뒤로 물러서야 한다는 것을, 사랑받기 위하여 사랑하여야 한다는 것을. 그리고 이러한 진리는 아는 것이 아니라 깨닫는 것이라는 것을 우리들이 몸소 실천하여 체험하도록 해 주어야겠습니다. 그러기 위하여 우리의 가르침은 뜨거워야 하겠습니다. 그러므로 "교육"은 영성이어야 합니다. 가르침이 '말'이 아닌 '마음'이 되고 '지식'이 아닌 '삶'이 되어 "사랑받고 있음을 알게" 해 주는 "살레시오 교육영성"으로 아이들을 만나기를 바랍니다.

'나'를 움직이는 위대한 힘, 영성입니다

자기계발서가 쏟아져 나오고 있습니다. 많이 본 듯한 비슷한 책들이 서점을 채우고 우리는 중독이라도 된 듯 이것저것 탐색합니다. 자신을 계발하는 것이 얼마나 중요한지에 대한 깨달음에서 오는 선택일 것입니다. 다만 자기계발이 '개발'이 아니기를 바랄뿐입니다. 읽을 때는 번쩍 깨어나는 듯 하다가 돌아서면 잊어버리는 '개발'이 아니었으면 합니다. 계발은 지능이나 의식에 관하여 깨우쳐 열어주는 정신적인 영역입니다. 그러나 개발은 인위적으로 무엇인가 뜯어고치려는 기능적인 것입니다. 기술로 생각과 마음을 바꿀 수는 없습니다. '나'에 대한 통렬한 성찰과 반성 그리고 이에 따른 책임을 열정을 다하여 이루어야 합니다. 그러기 위하여 '나'를 움직이는 알 수 없는 위대한 어떤 '힘'을 느껴야 합니다. 당장은 내 생각대로 바뀌고 마음먹은 대로 변화되는 듯하지만 내가 조정할 수 없는 그 어떤 '힘'이 있었기에 가능하다는 체험을 하여야 합니다. 내 스스로가 문을 연 것 같지만 어느 순간 나를 그곳에 인도해 준 '힘'이 있었다는 것을. 있는 힘을 다하여 내가 달려온 것 같지만 그 힘을 내도록 도와준 어떤 '분'이 계셨다는 것을 믿고 고백하여야겠습니다.

모든 것은 '뿌리'에서 그 정체성을 찾습니다. 엄청난 전문 인력으로 상당한 자금을 투자하여 만들어낸 기업의 자기계발이나 리더십 프로그램은 그만큼 고가의 비용과 시간을 치르고라도 '나'를 고치려 합니다. 그래서 교회내의 많은 연구소도 기업의 리더십프로그램을 영성과 접목하려 합니다. 많은 심리학자들은 상담과 코칭을 접목한 자기계발프로그램을 내기도 하고 심리학과 리더십의 통합으로 실용가이드를 합니다. 접목으로 새로움을 찾습니다. 그러나 접목도 뿌리에서 나옵니다. 결과도 뿌리에서 옵니다. 그러므로 뿌리와 만나는 결실을 찾아야겠습니다.

이 책의 '뿌리'는 돈보스코의 예방교육영성입니다. 기업의 리더십 프로그램으로 영성교육을 하기도 하지만 이 책은 영성을 뿌리로 하여 리더십교육을 한다는 데서 큰 차이가 있습니다. 여기에 성프란치스코 살레시오의 영성을 가미하였습니다. 돈보스코와 살레시오는 시대는 달라도 기막히게 환상적인 커플로서 현대영성을 이뤄냅니다. 그래서 부모와 교사와 청소년을 향한 그들의 열정과 사랑을 그대로 이 책에서 녹아내려 노력하였습니다. 또한 필자의 전공이 '미디어'영역이다 보니 현대미디어환경에 대한 도전과 대응에 대한 고찰도 곁들였습니다.

청소년들에게 있어서 가장 소중한 가르침은 '학습내용'보다 지도자의 품성과 인격에 있습니다. 이 책을 통하여 부모와 지도자들이 청소년들과 함께 '3S영성 리더십교육'을 구체적으로 실현해나갈 수 있기를 바랍니다. 이 책은 〈사목정보〉를 비롯한 여러 잡지에 기고했던 내용도 함께 엮은 것입니다. 이 책을 펴내면서 '3S영성리더십교육'을 함께 연구하고 실행한 팀원들, 임성미, 이영주, 오선재, 김두심 선생님의 수고에 특별히 감사의 마음을 전하고 싶습니다. 아울러 추천의 글을 써주신 주교님과 교수님들, 격려와 지지를 아낌없이 보내준 수도가족에게 감사를 드립니다. 모쪼록 이 책으로 이 땅의 청소년들에게 '행복 트라이앵글'의 선물을 안겨줄 수 있기를 바랍니다.

2009년 8월

김용은

청소년의 마음을 여는 열쇠, '사랑받고 있음을 느끼게 하라!'

"아이들을 사랑하는 것으로는 부족합니다. 사랑받고 있다는 것
을 알게 해야 합니다."

– 돈보스코

살레시오 수녀들이 결손가정의 여자청소년들과 함께 가족공동
체를 이루며 살아가는 '나자렛집'이 있다. 그곳에서 초등학교 때
부터 흡연, 가출 등의 경험으로 수녀들을 힘들게 하던 한 아이가
있었다. 중학교에 입학해서도 가출은 이어졌다. 그러던 어느 날,
이 아이는 돈이 다 떨어져 입술과 눈에 짙은 화장을 하고 며칠 만
에 다시 나타났다. 함께 살고 있던 엄 수녀는 너무 화가 나 매를 들
고 싶을 정도였다. 그런 엄 수녀의 마음을 아는지 아이는 "까짓것,
매 맞으면 되잖아요" 하면서 알루미늄으로 된 밀대를 들고 왔다.
엄 수녀는 한 대만 맞아도 아픈 밀대를 들고 와서 맞겠다고 하니
도저히 때릴 수도 없고 또 물러서자니 이러한 수녀의 약점을 계속
이용할 것도 같았다. 그래서 엄 수녀는 아이에게 "그래 나도 같이
맞으마. 네가 가출을 한 것은 내 잘못도 크니 우리 함께 맞자"고 하
였다. 그러자 아이는 흠칫 놀라 "아니, 그건 아니지요" 하며 무척

당황해 했다. 엄 수녀는 아이가 보는 앞에서 자신의 허벅지를 스스로 힘껏 내리쳤다. 아이는 예기치 못한 상황에 어쩔 줄 몰라 하였다. 그러고 나서 둘은 말없이 한참을 함께 울었다. 다음 날 아이는 빼곡히 써 내려간 여러 장의 편지를 엄 수녀에게 건넸다.

"수녀님이 저를 사랑하지 않는 줄 알았어요. 그런데 수녀님이 얼마나 나를 사랑했는지 이제야 알았어요. 그래도 제 안에 있는 방황기가 또 저를 유혹하면 또 나갈지 몰라요. 그러니 저를 위해 기도해 주세요."

편지 끝에는 '마음이 따뜻한 엄마 같은 수녀님께'라고 써져 있었다. 아이는 진정으로 사랑받고 있음을 느낀 것이다.

초등생부터 아니 이미 어린 아기였을 때부터 상처를 받았을 이 아이의 아픔이 치료되는 데는 상당한 인내와 시간이 필요하다. 신체적 질병을 예방하기 위해서는 단 한 방의 주사면 해결이 되기도 하지만 심리적이고 정서적 질환을 예방하기 위해서는 얼마나 많은 노력을 기울여야 하는지 모른다. 그런데 어른들은 아이들의 마음이 상처 나고 곪아야만 그 심각성을 알게 되고 게다가 금방 치료의 효과를 보기를 원한다. 강압적인 것을 피하고 친절한 사랑으로 '예방교육영성'을 살아야 하는 엄 수녀는 자신의 허벅지를 때림으로써 아이 스스로 사랑받고 있음을 일깨워 준 것이다. 그리고 아이의 말대로 또 가출할 수 있다는 것을 인정하고 기다려줘야 했다.

돈보스코의 예방교육은 살아야 하는 일상의 영성

오늘날 우리는 때때로 아이들이 두렵기도 하다. 아이들에게서 '행복은 성적순이 아니잖아요'라는 아우성조차 들을 수 없을까 겁나고, '돈이 인생의 전부가 아니다'라는 나의 말에 코웃음 칠까 두렵다. 아이들의 현재인 테크놀로지시대를 어른들의 과거에서 찾을 수 없다. 그래서 부모세대의 경험을 비추어 가르칠 수 없음을 생각할 때 더욱 슬프다.

그러나 가르침은 그 이상의 '무엇'이 있다. 몸에서 시시각각 분비되는 화학물질을 인간의 힘으로 포착하여 시각화할 수 없듯이 각 인간 안에 존재하는 위대한 힘, 스스로 생명을 부여하는 생명력은 그 어떤 학자도 밝혀낼 수 없다. 마찬가지로 인간을 가르친다는 것은 끊임없이 스스로 존재하게 만드는 과정이다. 카이로프랙틱 박사인 조 디스펜자(Jeo Dispenza)는 인간의 '뇌'가 몸과 마음의 기능을 모두 관장하지만 뇌는 '의식'이 있어 활동하고 '마음'을 만들어 낸다고 한다. 의식적 마음은 학습을 통해 깨달을 수 있는 능력인데 이는 자유의지를 발동하는 '나'에서 시작되며 '훈육된 마음(educated mind)'이라고 말한다. 그러므로 우리의 의식과 마음은 그 어떤 것으로도 증명할 수 없는 '무엇'이지만 학습을 통한 깨달음으로 몸과 마음을 다스리면서 행복하고 건강한 삶에로의 변화를 끌어낼 수 있다. 돈보스코의 예방교육은 바로 이 위대한 '변화'의 꿈을 꾸는 청소년과 교육자들의 일상의 지침이 될 수 있음을 확신한다.

예방교육의 뿌리는 돈보스코와 성프란치스코 살레시오가 믿고 확신한 창조의 선성(The goodness of creation)에 있다. 우리 모두는 아름답고 선한 본성을 지녔다. 이 '선'함을 끌어내고 활성화시키는 것이 교육이다. 돈보스코는 젊은이들과 살면서 확고한 믿음이 있었다. 청소년은 비록 '문제'는 있을지 몰라도 결코 문제아가 아니라는 것이다. 그러므로 그들을 절대로 억압하거나 체벌을 해서도 안 되며 오로지 온유와 인내만으로 예방교육을 실현해야 한다. 그저 젊다는 이유 하나만으로도 사랑받기에 충분하기에 사랑받고 있음을 느끼게 해 주는 것이 최고의 가치가 된다. 이는 어떤 상황 안에서도 청소년이란 이유 하나만으로도 포기할 수 없는 이유이며 그들 안에 있는 '선(goodness)'을 끌어내야 하는 확고한 교육적 사명을 실현하는 것이 가르침의 토대이다.

누군가 내게 묻는다. '과연 디지털혁명시대에 살고 있는 우리 청소년에게 150여 년 전 이탈리아에서 시작한 돈보스코의 예방교육이 통할 수 있을까?'라고. 물론, 대답은 "예"이다. 예방교육은 '영성'이다. '영성'은 시공을 넘어 세상속의 진리와 자유를 숨 쉬게 하는 생명의 근원이며 본질이다. 그러므로 예방교육영성은 멈추지 않는 변화의 소용돌이 중심에 서서 청소년의 사고와 행동에 현실적이고 구체적으로 영향을 준다.

돈보스코의 교육에 어떤 비법이 있기에 돈보스코와 함께 살던 젊은이들 안에서 2,000명도 넘는 교구사제들이 나올 수 있었으며, 파타고니아로부터 아프리카 인도 북경에 이르는 선교지로 가기 위하여 셀 수 없을 정도로 줄을 이을 수 있었을까? 돈보스코는 학자는 아니었다. 다만 믿고 있는 바를 실천했던 우리와 같은 교육자일 뿐이다. 그는 직접 자신이 경험한, 누구나 이해하고 공감할 수 있는 아주 단순한 교육방법으로 제자들을 양성했다. 돈보스코가 직접 살면서 구현한 예방교육은 일상의 삶이며 영성이다. 그래서 문화가 다르고 시대가 달라도 힘 있는 설득력으로 모두에게 감동을 준다.

돈보스코의 위대한 유산인 예방교육영성에서 세 가지 핵심요소인

이성(reason), 종교(religion), 친절한 사랑(loving kindness)을 빼놓을 수 없다. 이 세 가지 요소는 네트워크의 긴밀한 소통을 담아내고 있어 트라이앵글처럼 서로를 지탱해 준다. 살레시오수녀회는 이 세 가지 요소를 현대 청소년들에게 보다 친밀하게 접근하기 위하여 '3S(STUDY, SMILE, SERVICE)'으로 재구성하여 살레시오청소년운동(SYM)을 펼치고 있다.

3S인 스터디, 스마일, 서비스는 어디서 한번쯤 들어 볼 수 있는 아주 평범한 슬로건이다. 일반 기업이나 백화점에서도 스마일과 서비스정신을 추구한다. 특별한 것이 없을 것 같은 3S, 그러나 여기에 엄청난 비밀이 있다. 기업에서 '이익'을 창출하기 위한 목적이 아닌 인간으로서의 최고의 변화를 꿈꾸며 행복을 꾀하는 3S는 평범을 넘어선 비범한 가치이다. 생각(study)과 마음(smile)과 몸(service)을 통합된 인격으로 만들어가는 교육자의 영성, 여기에서 아이들을 위한 기적 같은 변화를 꿈꾼다. 아니 기적을 이뤄내야 한다. 변화는 꿈꾸는 자의 것이 아니고 실천하는 자의 것이기 때문이다. 이 책을 통해 당신 안에 잠자고 있는 생각과 마음을 깨워 움직이며 행동하는 행복한 교육자가 되기를 희망한다. 꼭 반드시 그렇게 될 수 있다는 확신으로 이 책을 계속 읽어나가기를 바란다.

Chapter 1

나를 깨우는 생각의 영성, 스터디 STUDY

나는 나를 깨워주는 ‘생각의 영성’을 얼마나 살고 있는가?

1. 항상 그렇다　　　2. 자주 있다　　　3. 가끔 있다
4. 드물지만 있다　　5. 전혀 아니다

❖ 지도자

1. 감정이 올라올 때 분노와 화를 조절할 수 없다.

1 2 3 4 5

2. 아이가 엉뚱한 말을 할 때 들어주기보다 설득하려 한다.

1 2 3 4 5

3. 명령과 권위주의로 아이의 인격에 손상을 줄 때가 있다.

1 2 3 4 5

4. 아이가 실수하면 질책을 하고 벌을 준다.　1 2 3 4 5
5. 자신의 의무에 과도한 집착을 한다.　1 2 3 4 5

6. 늘 쫓긴다는 느낌이 들고 피곤하여 멈춰 사색할 여유가 없다.

        1 2 3 4 5

7. 가르치는 데 아이들이 집중하지 않고 지루해 한다.

        1 2 3 4 5

8. 아이들과 같이 놀아주기보다 아이들끼리 놀게 한다.

        1 2 3 4 5

9. 아이들을 편애 없이 동등하게 대하기가 어렵다.

        1 2 3 4 5

10. 문제가 닥치면 대처할 확신과 논리가 서지 않는다.

        1 2 3 4 5

스터디삶 총계: _________________

❖ 청소년

1. '왜'라고 묻기보다 '그냥'이라고 답한다.　1 2 3 4 5

2. 종종 생각보다는 감정이 올라와 손이 먼저 가게 된다.

        1 2 3 4 5

3. 어려움과 장애물이 생기면 두려워 쉽게 포기한다.

        1 2 3 4 5

4. 주어진 규칙과 책임을 지키기가 힘겹다.　1 2 3 4 5

5. 인터넷 '정보'를 그대로 베껴서 과제물을 제출한다.

        1 2 3 4 5

6. 게임할 때 누군가 방해하면 화가 난다.　1 2 3 4 5

7. 공부하는 것이 지겹다.   1 2 3 4 5

8. 나의 삶의 소중한 일들에 대해 생각하지 못한다.

1 2 3 4 5

9. 친구들과 이야기할 때 종종 흥분한다.   1 2 3 4 5

10. 조용하면 불안하고 심심한 것을 못 견딘다.

1 2 3 4 5

스터디삶 총계: _________________

❖ 점수

- 40~50: 축하합니다! 스터디삶을 충실하게 살아가고 있다고 할 수 있습니다.

- 30~39: 희망이 있습니다! 조금만 깨어 '왜'라고 물으면서 의미 찾는 연습을 했으면 합니다.

- 20~29: 용기를 내십시오! 지도자는 '내면풍경'을 성찰하고 감정을 보살피는 연습을 하고, 청소년은 게임이나 인터넷에서 '재미'를 찾기보다 책과 기도하면서 즐거움을 누릴 수 있으면 좋겠습니다.

- 10~19: 뼈아픈 노력을 합시다! 무관심한 지도자보다 비논리적이고 편협한 사고를 가진 지도자가 더 위험하다는 것을 기억하십시오. 청소년은 자신이 얼마나 사랑받는 존재인지를 느꼈으면 합니다.

　　지도자는 감정을 조절하지 못하는 순간, 우리의 정신은 공허하고 텅 비어 이성이 작동되지 않는 악마의 작업장이 되고 있다는 생각을 하십시오. 체벌과 강요를 통한 방법은 진정한 교육이 아닌 훈련일 뿐입니다. 지도자로서의 합리적인 태도와 친절한 설득으로 문제를 풀어가길 바랍니다. 진정한 권위는 아이들과 우정 어린 친구가 되어줄 때 세워집니다. 바쁘거나 힘들더라도 아이들안에서 적극적이고 친절하게 현존해야 합니다. 매일 하루를 돌아보면서 진정으로 아이를 위하여 기도하고 있는지를 물읍시다.

　　청소년기는 깊게 관찰하고 통찰하기보다 감정에 의해 행동할 수 있습니다. 자신이 판단한 것을 다시 생각하고 스스로 건전한 비판을 하는 연습을 합시다. 자신이 지닌 에너지와 의지를 신뢰하고 그 문제에 직면하는 연습이 무엇보다 중요합니다. 자신의 지능과 소질을 잘 파악하여 이용하면 문제에 대한 직감과 이해도 생깁니다.

　　정보시대에 사는 청소년은 주어진 정보를 반드시 선별, 선택, 감식, 편집, 가공, 활용의 단계를 통하여 새로운 나만의 정보지식을 만들도록 노력해야겠습니다. 영화나 드라마를 본 후 친구들과 '무엇'에 대하여 이야기하기보다 '어떻게' 이야기 되고 있는지 주시하여야 숨겨진 많은 코드를 읽어낼 수 있습니다. 현대인은 읽을 수 있으나 읽지 않는 '제2문맹인'이라고 합니다. 장기간 TV나 컴퓨터에 빠지면 우측 대뇌반구는 비언어적이고 비논리적인 영역으로 옮겨갑니다. 청소년들은 직관과 느낌이 강한 반면 성찰과 분석이 약한 이유가 여기에 있습니다. 기억하십시오. '무엇을 볼까'보다 '어떻게 읽을까'를 고민하십시오.

1. '내'가 진리를 자유롭게 한다

세상이 나를 본다

언젠가 아이들에게 '마음을 찍는 사진기'라는 정채봉 씨의 이야기를 들려주면서 자신의 마음을 사진기로 찍으면 무엇이 나올지 그려보게 하였다. 6학년 희선(가명)의 마음에는 '1'이라는 숫자가 커다랗게 찍혀 나왔다. 희선은 자신의 마음을 이렇게 설명하였다.

"나는 오직 '1'이라는 숫자를 본다. 가장 좋아하는 숫자도 '1'이고 가장 싫어하는 숫자도 '1'이다. 1등이 아니라면 싫다. 시험에서도 1등을 해야 하고 교과서 검사도 1등을 받아내야 한다. 그러나 나는 이런 내가 싫다. 나도 꼴찌가 되고 싶다. 그러나 나는 그럴 수 없다. 나 혼자만이 만들어낸 사실이 아니다. 주위의 모든 사람들이 날 이렇게 만들었다. 모범생이라고 나를 부르는 친구들, 공부! 공부! 하는 아버지, 사람다운 사람만 되면 된다지만 속은 그렇지 않은 것 같은 어머니, '우리 희선이가 이런 애예요'라고 뽐내며 다니시는 할머니, 오늘도 나는 '1'을 바라본다."

어찌 희선의 마음속에만 '1'이라는 숫자가 있을까? 수많은 아이들은 물론 어른들 마음에도 '1'이라는 숫자가 커다랗게 찍혀있을 것이다. 희선은 두렵다. 일등을 빼앗길까 두려운 것이 아니라 일등하지 못한 자기에게 등을 돌릴 것만 같은 친구와 부모님이 두려운 것이다. 그래서 희선은 일등이어야만 한다. 타인을 통해 자신을 바라보아야 하는 그녀는 늘 불안할 수밖에 없다. '내(I)가' 세상을 바라보는 것이 아니라 나를 바라보는 타인을 통해 '나를(Me)' 보기에 그러하다. 심리학자 알버트 엘리스는 "사물이 인간을 교란시키는 것이 아니라 인간이 사물에 대해 지니는 견해가 인간을 교란시킨다"고 말한다.

돈보스코 예방교육의 '이성'은 이러한 걸림돌로부터 해방할 수 있게 해 준다. 세상의 시선으로 나를 보려하면 세상은 '나'를 중심으로 돌지 않고 세상중심으로 내가 돌게 된다. 내가 없는 세상을 사는 것이다. 이런 사람은 늘 현상에 끌려 다니고 스케줄에 매여 산다. 그 어떤 상황도 내가 주체가 되지 못하기 때문이다. 세상을 인식하는 주체는 나이다. 우리는 내가 바라보고 인식한 만큼 살아갈 수밖에 없다. '나'는 세상의 모든 것을 걸러내는 여과기다. 그러니 '나'를 얼마큼 인식하며 살아가느냐에 따라 세상은 달라진다. 내가 변하지 않으면 그 어떤 것도 바꿀 수 없으며 내가 선택하지 않으면 그 어떤 것도 주어지지 않는다. 성공도 행복도 건강도 모두 '내'가 나를 얼마나 돌보며 인식하느냐에 따라 결정된다. 생각을

해야 마음도 움직이고 마음으로 느껴야 생각도 가능하듯 스터디를
통한 '자기인식'과 '자기 돌보기'가 성공적으로 이루어져야 스마
일로 가는 길도 열린다.

내 안에 내가 너무 많아

옛날 중국에 나무를 잘 키우는 '곽탁타'라는 사람이 있었다. 곽
탁타는 나무심기를 업으로 삼고 있었는데, 어찌나 나무를 잘 자라
게 하는지 어느 누구도 그를 따라잡지 못했다. 사람들이 그 비결을
묻자 그는 나무의 천성을 살펴 그 본성을 다할 수 있도록 하는 것
외에는 그 어떤 비결도 없다며, "단지 뿌리는 뻗어나가야 하며, 토
양은 묵은 것을 원하고 땅은 단단하기를 원하는 것이 나무의 본성
이니, 나무를 심을 땐 그 뿌리를 잘 펴주고 흙은 원래의 것을 담아
주며 다지기를 단단히 한 후에는, 흔들어보지도 염려하지도 말아
야 합니다. 나무가 자라지 않는 이유는, 지나치게 염려하여 아침에
살피고 저녁에 어루만지고 다시 와서 흔들거나 껍질을 손톱으로
벗겨서 잘 자라나 확인까지 하여 나무의 본성이 날로 어긋날 수밖
에 없기 때문입니다"라고 하였다.

살아있는 생명이면 그 무엇이든 본성이 있다. 그 본성을 따라 살
피는 것이 생명의 이치다. 주님께서 숨결을 불어 만든 인간의 본성
은 로봇처럼 강인하지도 않고 컴퓨터처럼 기억의 저장고도 튼튼

하지 않으며 천사처럼 착하지도 않다. 약하면서도 투박하고 잊기도 잘 하며 쉽게 유혹에 흔들리기도 하고 악하기도 하다. 그럼에도 불구하고 주님께서는 당신의 눈에 넣어도 아프지 않을 정도로 우리를 사랑하고 또 사랑하신다. 우리 모두는 하느님의 숨결로 지음 받았고 거기에 우리의 본성이 있음을 믿으며 나를 아끼고 보살펴야 한다.

그러나 내 안에 내가 너무 많다. 디지털혁명 시대를 살아가는 우리 모두는 여러 개의 '나'를 가지고 있다. 인생의 무대 위에서 하나의 페르소나(persona)로 활보했던 '나'는, 여러 개의 '나(personae)'로 변해가고 있다. 청소년만 정체성 위기로 흔들리는 것이 아니다. 어른들도 현실과 비현실의 모호한 경계 속에서 자신이 아닌 여러 자아를 즐기며 욕망의 늪 속에 빠져든다. 현대인은 유목민처럼 이동하고 또 이동하며 살기에 자신을 키우는 고향은 사라지고 있다. 고통스럽고 불안할 때 돌아가야 할 심리적 고향마저도 잃어버리고 있다.

> "내 속엔 내가 너무도 많아 당신의 쉴 곳 없네.
> 내 속엔 헛된 바램들로 당신의 편할 곳 없네."
> – 〈가시나무〉 중에서

숱한 고난과 갈등으로 방황하다가 참 하느님을 만난 하덕규 씨가 '가시나무새 전설' 이야기에서 영감을 받아 만든 노래다.

가시나무새는 가시나무를 찾아 날아다니는 새다. 그 어떤 편안한 둥지에서도 결코 쉬지 않는 새, 그러다가 가시나무를 찾게 되면 날카로운 가시 사이로 다가가 세상에서 가장 아름다운 노래를 부르다가 죽어간단다. 엄청난 비운을 타고난 이 새는 그래서 소설과 영화, 대중가요 등을 통해 '지고지순한 사랑'으로 비유된다.

하덕규 씨는 내 안에 내가 너무 많아, 나를 찾아온 이들이 내 안의 가시에 찔려 도망가고 있음을 노래한다. 내 안에 내가 너무 많아 헛된 바람이 가득하고 바람만 불면 울어대며 슬픈 노래를 부른다. 그러나 딱 한 분 가시밭 같은 내 안에 기꺼이 날아들어 피를 토하며 돌아가신 분, 그분이 주님이심을 고백한다. 헛된 꿈과 망상으로 시간을 허비한 자신은 가시나무였고 죽을 줄 알면서도 기꺼이 날아든 가시나무새는 바로 예수님이었다고.

내 속에 내가 너무 많다. 내 속에 내가 너무 많아 진짜 내가 누군지도 모르고 나의 본성마저 찾을 길이 없다. 그래서 천성을 살펴 본성을 자랄 수 있도록 배려하는 것은 가장 중요한 과제가 된다.

"우리 대부분은 마음속 깊은 곳에 자신의 갑옷을 두르고 살지.
때로는 그 갑옷을 입은 지도 모른 채 말이야.
심지어 갑옷을 자랑하기에 진정한 자신이 아니라
갑옷만을 위해 살아가지. 자네는 자네인가? 아니면 갑옷인가?"
— 로버트 피셔, 『마음의 녹슨 갑옷』 중에서

명품인가? 짝퉁인가?

명품은 짝퉁과 짝을 이루고 있다. 명품이 없다면 짝퉁도 존재할 수 없다. 명품을 가지고 싶은 욕망으로 짝퉁이 생겼고 그 짝퉁으로 대리만족을 얻는다. 그런데 전문가가 아닌 이상 진짜와 가짜를 구분하기 쉽지 않다. 진짜는 분명 있을진데 가짜를 구분하지 못하면 가짜가 진짜의 자리를 차지할 수도 있다.

그럼 명품인간이 있고 짝퉁인간이 있을까? 성인이나 현자들은 행복하기를 원하면 '자신을 알고 참된 자신으로 돌아가라'고 충고한다. 본래의 자신, 진짜 나를 찾으라는 것이다. 명품으로 돌아가야 함이다. 그런데 진짜와 가짜를 구분하지 못하면 가야할 방향을 잃게 된다. 기도를 열심히 하고 기부금을 내고 사회에 많은 공헌을 하는 내가 대단한 명품인간이 된 듯 자랑스러울 수도 있다. 그러나 어떤 순간에 행하는 열렬한 기도나 자선이 그 사람을 진짜로 만들어주는 것은 아니다. 진실은 일상에서 확인되기 때문이다.

영성은 존재로 침투되어 그 진리를 보게 된다. 하느님의 사랑이 영혼에 자리하면 그 내면의 뿌리에서 성장하고 열매를 맺는 것과 같다. 그러므로 명품인간은 자신의 마음에서 흘러나오는 행위로 안과 밖의 조화를 이뤄낸다. 예수님은 안과 밖을 자유롭게 넘나들며 사람의 마음을 움직이신 분이다. 사람들은 지식을 얻기 위하여 예수님께 모여든 것이 아니라 '믿을만한 분'이라는 것을 깨달았기에 그렇다. 그분이 대단한 행위를 하였기 때문에 우리의 마음을 움직인 게 아니라 예수님의 존재에서 진리를 만날 수 있기에 마음 스스로 움직인 것이다. 인간을 향한 예수님의 뜨거운 사랑이 우리의 마음을 감동시킨다.

어떤 사람은 말로서 좋은 말을 많이 하지만 실제로 행동에 옮기기를 꺼려하는 사람이 있다. 어떤 사람은 자선행위를 즐기면서 이웃에게 함부로 대하는 사람이 있다. 어떤 사람은 기도를 열심히 하지만 입만 열면 불평하는 사람이 있다.

그런데 우리의 영성생활은 바로 마음에서 우러나오는 '사랑'을 '행동'으로 표현하는 삶이다. 행동 없는 사랑은 사랑이라고 할 수 없다. 우리 모두는 어디에 있든 무엇을 하든 사랑을 실천하는 삶을 살도록 불림을 받았다. 선을 향한 덕행은 어느 특정 순간에 이뤄내는 것이 아니다. 작은 일상에서 드러내는 조그만 사랑의 행위가 모여 거대한 변화를 이끌어낸다. 어느 한 순간에 위대한 일을 해낸 역사적 인물보다 평범하지만 평화롭게 이웃과 관계를 맺어가는 사람이 더 위대하다. 이런 사람이 명품인간이다.

명품인간은 물리적인 나와 정신적인 나의 거리가 없는, 즉, 나와 내 영혼과 바른 관계를 맺은 사람이다. 따라서 내 자신과의 관계가 '진짜'라면 이웃과의 관계도 '진짜'가 된다. 나를 투명하게 만들어 맑은 거울에 비추듯 이웃에게 보여 주자. 명품인간으로 산다는 것은 하느님의 눈으로 내가 누구인지를 보는 것이고 그것을 진실로 받아들이고 이웃도 그렇게 보도록 허락하는 것이다. 살레시오는 정말 자신이 명품인간이 되어가는지는 '관계'를 보면 안다고 한다. 하느님과의 관계, 가족과의 관계, 친구와의 관계, 동료와의 관계, 일과의 관계……. 이 모든 관계가 자신과 조화를 이루고 있는지 갈등을 불러일으키고 있는지를 스스로 성찰하자.

너 자신을 아는 것으로 충분하지 않다. 살아라!

맨체스터 유나이티드소속으로 우리나라 최고의 축구선수 박지성은 리더로서 뛰어난 자질을 보여 주고 있다. 남 앞에 드러나지 않는 온순한 성격의 박지성을 감독은 이렇게 말한다. "선수들을 편하게 대해 주고 먼저 모범적이다. 억지로 끌고 가지 않고 자연스럽게 잘해나가는 게 장점이다. 그에 대해 후배들은 경외심을 갖고 있다." 평범하지만 탁월하게 그 진가를 발휘하는 이 힘은 진정한 자신만의 정체성에서 나온다.

오늘날 우리는 너무 바쁘다. 세상은 점점 분노하고 화를 내며 야단법석인 것 같다. 갈수록 서로에게 더욱 더 요구하지만 우리 모두는 어느 누구도 완벽한 사람은 없다. 실망과 좌절, 실패와 낙담 속에서 서로의 짐을 지어준다는 것이 불가능하게 느껴진다. 분명 물질은 풍요로워지지만 가족과 이웃 간의 돈거래에서 철천지원수가 되기도 한다. 잠시의 여가를 즐기기 위하여 쉬지 않고 일하고 사회적

부를 위하여 죽기를 각오하고 뛰어들고, 더 나은 자리로 가기 위하여 다른 사람을 끌어내리기도 해야 할 것 같은 각박한 오늘날의 사회에서 양보하면서 온유하게 사는 사람은 어디가 부족하거나 어리석어 보인다.

그러나 아이러니하게도 우리는 또 그런 사람을 좋아한다. 그러면서 우호적이지 못한 자신을 어쩌지 못한다. 그러니 함께 어울려 살아가기를 원하면서도 세상을 탓한다.

세상과 살아가기 힘든 사람은 두 가지 종류가 있다. 한 사람은 자신에게 관대하고 타인에게 요구하는 사람이다. 이 사람은 어떤 것에든 일등이어야 하고 인정받아야 한다. 그래서 다른 사람의 공헌을 축소시키면서 자신을 그 사람 위에 두려한다. 그러다보니 타인의 좋은 점을 보지 못하고 배울 것도 없다고 생각한다. 이 사람은 쉽게 자신을 소진시키고 결국 여러 가지 상황의 덫에 걸려 좌절에 빠지기가 쉽다. 또 한 사람은 자신에게 무심하고 이웃에게 착한 사람이다. 이런 사람은 힘 있는 사람을 두려워하고 적대감을 가진다. 행동은 유순하지만 무력감에 빠져 자신은 희생자라고 생각한다. 힘 있는 사람에게 순종하면서 그 사람을 자신을 희생시키는 폭군이라고 생각한다. 이 사람은 사람들과의 관계나 상황 안에서 어떻게 대처할지 몰라 당황하여 쩔쩔맨다. 그리고 여러 가지 이유를 들면서 회피하고 책임지려 하지 않는다. 그래서 대단한 리더십을 가지고 이끌어가는 사람 앞에서 위협감과 적대감을 가지게 된다.

이 둘 다 '자기'를 살지 못하는 사람이다. 진짜 자기를 산다는 것 (being yourself)은 진정성을 살아가는 것(being authentic)을 의미한다. 진정성(authentic)이란 '하느님이 각자에게 주신 고유한 능력이며 그 사람만의 독특한 능력'을 말한다. 살레시오 성인은 진짜 자신이 누구인지 아는 것과 진짜가 되는 것은 매우 다르다고 말한다. 또한 우리자신이 '진정성'안에 머물 때 비로소 자신과 이웃과의 올바른 관계를 맺을 수 있다고 한다. 이 '진정성'은 안과 밖의 조화를 이뤄 내며 실천하는 온유함(Gentleness)과 유화로움(Sweetness)에 있다.

'딱 좋은' 나

고등학생인 선희는 참 착하다. 착해도 너무 착하다. 그런데 '문제'가 있어 심리상담을 받고 있다. 선희의 어머니는 한숨을 내쉬며 말한다. "착한 것이 죄랍니까? 참말로 착한 것이 문제라니……." 정말 '착한 것이 탈'이어서 친구로부터 이용당하고 마음에 상처를 입은 걸까? 정확하게 말하자면 선희는 착한 것이 아니다. 인정받고 싶은 욕구는 크고 자발적 의지는 빈약하여 그저 상황에 따라 순응한 것이다. 내면의 원의에 귀 기울이기보다 타인의 요구에 의해 행동하면서 자신을 괴롭혔다. 그래서 상처를 입고 자신감을 잃고 경직된 삶을 살아가면서 우울한 시간을 보내왔다.

『나는 너무 착해서 탈이야』(어린이작가정신)라는 동화책이 있다.

책 속의 에이미도 너무 착해서 탈이었다. 아이들이 요구하는 것을 거절하지 못하고 자신의 것을 챙기지 못하는 에이미는 슬프다. 자기를 싫어할까봐 자신의 요구보다 타인의 요구에 순응하다보니 행복하지 않다. 그러다가 할아버지의 충고에 따라 자신의 원의와 친구의 원의 사이에서 오는 균형을 배워간다. 그래서 '너무 착한 에이미'가 아닌 '딱 좋은 에이미'로 성장하는 동화이야기다.

'착하다는 것'은 '딱 좋은 자기'로 살아가는 것을 의미한다.
착하다는 것은 주도적이지 못하고 힘이 없어 침묵을 하는 것이 아니다. 착하다는 것은 순진하여 순응하는 것도 아니다. 진정 착하다는 것은 자신을 소중히 여기며 강한 의지로 대처하고 실천할 줄 아는 사람, 그래서 이웃에게 따뜻한 감동의 물결을 일으키는 사람, 그래서 함께 살고 싶은 사람, 그런 사람에게 '너는 딱 좋다. 그래서 착하다'라고 말해 주어야 한다. 착함은 인간 최고의 의지이며 능력이다(김용은, 『세상을 감싸는 따뜻한 울림』 참조).

나와의 소통을 위하여

영화 〈트루먼 쇼〉가 있다. 트루먼 버뱅크는 하루 24시간 생방송으로 보이는 쇼의 주인공이다. 그는 태어나면서부터 자신도 모르게 자신의 일거수일투족이 세상에 공개된다. 그러다가 자기 주변의 모든 것이 가짜라는 사실을 알게 된다. 주인공은 우여곡절 끝에

카메라를 피해 가짜의 세상에서 벗어난다. 아이러니하게도 그의 이름은 트루먼(trueman)이지만 쇼(show)라는 허구적 이벤트적 의미가 붙으면서 '가짜'의 삶이 되어버렸다. 하지만 트루먼은 결코 쇼를 한 적이 없다. 다만 주변의 가짜 세팅과 그 은밀한 사생활을 보면서 즐기는 사람들이 '쇼'를 본 것이다. 우리도 트루먼인지 모른다. 나도 모르게 수많은 카메라에 의하여 쏟아내는 '정보'를 먹고 이념을 키우고 벽을 쌓는다. 그리고 미디어가 제공하는 잡담(gossip)속에 말려들어 남 이야기만 하다 영원히 건너지 못할 것 같은 강가에 서서 서로에게 손가락질 하고 있는지도 모른다. 우리는 정말로 '진실'을 추구하지만 트루먼처럼 '쇼'를 하고 있는지 모른다. 그러나 트루먼은 '가짜'라는 것을 아는 순간 과감하게 부대를 빠져나와 '전환'하였다. 우리도 '전환'할 수 있는 용기가 필요하다. 그러기 위하여 '나'와의 소통이 우선되고 그래서 남이야기에 앞서 '나'에 대한 이야기를 하여야 한다.

우리는 나라고 생각했던 '나(persona)'가 '나(self)'가 아니라는 경험을 하는 순간이 있다. 무심했던 내면의 '나(self)'를 만나 그 속에 감추어진 그림자를 들춰내고 그런 나의 그림자를 바라보는 이웃의 시선을 고스란히 감내해야 하는 순간이 있다. 우리는 배우처럼 무대를 바꾸어 집과 직장 그리고 학교에서 '역할'을 달리하며 자신의 다양한 페르소나(persona)를 만들어간다. 그러다가 어느 순간, 자신도 모르게 각본에도 없는 흥분과 우울과 분노 속에 한없이 빠져들기도 한다. 바로 이때, 상황마다 요동치는 나의 '감정'을 돌아보아야 한다. 진실한 내면의 소통을 이뤄내기 위하여 감정의 뿌리를 찾아 들어가 솔직하고 용감하게 그 감정에 '이름'을 붙여주어야 한다. 만약 감정의 충돌을 피하고자 도망간다면 결국 자기 자신의 내면으로부터 멀어지게 된다. 그렇게 자신과의 소통을 이뤄내지 못하면 작은 '무대'가 전 인생의 장이 되고, 얼굴 없는 마스크를 앞세워 살아가려 할 것이다. 그래서 막과 막 사이에서 긴장과 외로움에 떨게 되고 결국 그 감정으로 진짜 사랑하는 사람에게 상처를 주어 관계의 끈을 놓치고 만다. 나(self)없는 나(persona)는 창밖의 세상으로 나갈 용기가 없어 거울만 있는 방에 갇혀 급기야는 생명을 포기하기도 한다. 이는 평소에 내면의 자신(self)과 진정한 소통을 이뤄내지 못한 결과이다.

복잡한 현대사회에서 자칫 '거짓자기'로 살아가기 쉽다. 창조적 참자기가 아닌 남들이 내게 요구하는 다중인격(persone)으로 상황과 순간에 맞추어 살게 된다. 이런 거짓자기는 '내가 무엇을 생각'하고 있는지를 묻기보다 '나는 무엇을 생각해야만' 하는가를 찾는다. 또한 '내가 무엇을 느끼고' 있는가에 몰입하기보다 '내가 무엇을 느껴야만' 하는가에 빠져들게 한다. 진정한 인격은 화려한 화법과 협상으로 '역할'을 수행(persona)하기에 연연하기보다 투박하지만 있는 그대로의 '존재'로서의 '나(self)'와 소통하는 노력에 있다.

내면의 나와 소통을 위하여!

- 하루 10분이라도 홀로 있는 시간을 만들어라!
- 내면의 '나'에게 부드럽게 '사랑고백'을 하라!
- 반복되는 생각과 부정적인 행동패턴을 주시하라!
- 생각이 모든 것을 변화시킬 수 있다는 확신을 가져라!
- 결점을 고칠 수 있는 '대안'을 마련하여 '뇌'에게 자주 전달하라!
- 자주 느끼는 감정에 솔직하게 이름을 붙여라!
- 관계에 어려움이 생길 때 피하지 말고 직면하라!
- 자신의 진실한 '마음'이 어디에 있는지 자주 생각하라!

영적자아로 보는 세상

사회심리학자인 미드(George Herbert Mead)에 의하면 'I'는 행동하는 자이며, 'Me'는 타인의 행동을 수용하는 자다. 'Me'는 대상과 밀접하게 연결되어 어떤 힘에 의하여 움직인다. 윌리엄 제임스(William James, 1892)는 자아를 크게 세 가지로 분리한다. '영적자아', '물리적자아' 그리고 '사회적자아'가 그것이다. 특히 영적자아는 자연과 가깝고 평화와 자유에로 인도한다고 한다. 결국 나에게 만족할 수 있음은 내가 무엇을 소유해서거나(material self), 내가 무엇을 할 수 있어서가(social self)아닌, 다만 나는 나이기 때문이다 (spiritual self) (김용은, 〈영성생활〉 24호 참조).

물리적자아는 소유에서 존재의미를 찾는다. 우리는 마티즈를 타고 다니는 사람과 에쿠스를 타고 다니는 사람을 다르게 본다. 강남에 사는 사람과 주변도시에 사는 사람을 다르게 보며 사장님과 근로자를 다르게 본다. 보는 사람이 다르게 보니 자신도 스스로를 다르게 취급한다. 부에 대한 집착은 가진 자나 가지지 못한 자나 똑같다. 살레시오는 “우리가 가지고 있지 않는 재물을 갈망할 때나 이미 소유한 물건에 강한 집착에 빠질 때 이는 열병에 빠진 것과 같아 심각하게 고통할 수밖에 없다”고 말한다.

결국 가진 자나 없는 자나 ‘소유’로 인한 고통은 같다. 소유자체에 존재가치가 있다기보다 ‘마음’을 어디에 두느냐에 따라 물리적자아에서 벗어나지 못한다. 그래서 살레시오는 ‘독약을 소유하고 있는 것과 독물이 몸에 퍼져있는 것’과는 다르다고 말한다. 약사는 여러 가지 상황에 대처하기 위하여 독약을 꾸러미로 가지고 있지만 그들은 자신을 독물로 오염시키지 않는다는 것이다. 독약은 단지 약사의 가게에 있을 뿐이지 그것을 먹지는 않는다. 그러므로 우리는 재물을 집에 둘 수는 있지만 소유한 물건과 자신을 동등하게 취급하지 말아야 한다. 잠시 필요해서 가지고 있을 뿐 그 소유가 나의 존재의미를 결정하지 않는다.

사회적자아는 일의 성과로 존재의미를 둔다. 아이가 백점 맞은 시험지를 들고 엄마에게 달려간다. 엄마는 "백점 맞았어? 너 정말 훌륭한 내 딸이야." 그렇다면 백점을 맞지 못하면 엄마의 딸로서 사랑받을 수 없다는 것인가? 반면에 "내 딸이 백점받기 위해 참 고생했겠네." 존재를 먼저 인정하고 성과에 답하는 것이다. 살레시오 성인은 영적 강화에서 "수많은 일들을 완전하게 해낸 사람이 탁월한 것이 아니라 그 수많은 일들을 온전하고 순수한 지향으로 해내는 사람이야말로 완전하다고 할 수 있다"고 했다. 바빠도 너무도 바쁜 현대인들에게 있어 일의 수행 능력은 곧바로 자신의 존재 가치를 좌우한다. 일을 어떻게 해내느냐에 따라 자아 상실과 존중의 희비가 엇갈린다. 사람들은 상사에게는 너그럽고 수하사람에게는 인색한 사람도 있다. 높은 직책에 있는 사람에게 대하는 태도와 그렇지 못한 사람들에게 대하는 태도가 완전히 다른 사람들, 이들은 직책이나 일의 중요성에 따라 존재의미를 찾는 사람이다. 그러다가 일을 놓게 되면 상실감으로 서글픈 시간을 보내게 된다. 이들의 자발성은 직책이나 대상에 의하여 반응한 능력이기에 더 이상 능력도 발휘할 수 없게 된다.

영적자아는 세상의 중심에 서서 세상을 바라보고 일상의 모든 것을 통하여 하느님을 만난다(seeing God in all things). 어떤 일을 하든 좋은 마음으로 계획하고 일하면 즐겁다. 우리의 하느님은 소유나 성과를 이뤄낸 순간보다 매순간 작은 일에 충실하고 기쁘게 해내는 '지금' '여기'에 존재하신다. 살레시오는 영적인 것에도 집착이 있음을 경고한다. 즉 영적 삶에 대하여도 욕심을 내고 조바심을 갖는 이기심에서 벗어나라는 것이다. 하느님이 자기에게만 특별한 많은 것을 원한다고 착각하고 언제나 더 많은 일을 하려고 욕심을 내면 그 어떤 것도 제대로 하지 못한다. 완전함을 추구하면서 이러저러한 수많은 욕망으로 걱정과 근심 속에 살아가게 되기 때문이다. 영적자아는 내가 무엇을 해내서가 아니라 스스로 선택하고 최선을 다했기에 만족한다. 그러기에 세상이 보는 '나'가 아닌 또한 내가 무엇을 해내서도 아닌, 그저 스스로 선택하고 확신했기 때문에 만족한다. 세상이 보는 시선으로 행동하기보다 내가 세상을 보고 그 세상을 통해 하느님을 바라본다. 바쁜 일상을 두고 사막에서 하느님을 찾는 것이 아니라 나의 일상에서 하느님을 만난다.

나를 아끼고 보살펴라!

세상이 보는 '나'에서 해방될 수는 없을까요? 진리가 나를 자유롭게 한다고 하는데 그 진리는 무엇입니까? 결국 진리는 내가 찾아야 하지 않을까요? 내가 세상을 보고 판단하고 인식하고 식별하면서 진리를 찾고 그 안에서 해방되지요. 그러니 결국 내가 진리를 자유롭게 해 주는 것이지요. 그러나 내 속에 너무 많은 '나'. 그래서 나도 나를 알아보지 못하고 사람들도 알아보지 못하는 것은 아닌가요? 가시로 인하여 앉지도 못하고 울며 돌아서는 사람이 있나요?

아무도 없는 조용한 곳에 편안하게 앉아 잠시 머무릅시다. 그리고 내 마음속 '밭'을 떠올려 봅니다. 무엇이 자라고 있나요? 희망, 불안, 두려움, 갈등… 어떤 단어들이 떠오르나요? 잡초가 무성한 채 버려진 것 같은 느낌, 바위투성이 같은 이미지가 떠오를 수도 있겠지요. 튼실하게 자라고 있는 풍성한 식물의 이미지도 떠오를 수 있겠지요.

그리고 떠오른 마음 밭을, 준비해 놓은 흰 종이에 그려봅시다. 그려진 내 마음풍경을 바라보면서 잠시 침묵으로 기도합시다. 그리고 기도문을 구체적으로 만들어 큰 소리로 하는 것도 좋겠지요. 만약 그룹이 함께 한다면 서로 나누고 토론하면서 기도문을 돌아가면서 바치면 마음이 편안해질 겁니다.

2. 너무나 인간적인 로고스(Logos)

"자유로운 질문 속에서 자아 존중감도 생긴다"라는 기사(〈프레시안〉, 2008년 2월 22일자)가 있다. 내용인즉, 덴마크에 교환교사로 온 미국인이 미국 아이들보다 질문을 훨씬 많이 하는 덴마크 아이들을 보며 매우 놀랐다는 것이다. 덴마크 아이들에게는 무엇이든 꼭 이해가 가도록 설명을 해 주어야 한다. 어린아이를 독립된 인격체로 존중하여 왜 그렇게 해야 하는지를 명확하게 말해 주는 것이 그들의 습관이 되었기 때문이다. 그렇게 이유를 알고 행동하는 습관을 지닌 아이들은 스스로에 대해 자부심을 갖게 되고, 어떤 일에서든 당당하게 그 이유를 물어 알고자 한다. 때문에 자신이 선택한 것에 대한 확신도 강하다. 그러기에 남이 하는 것을 무조건 보고 따라하지도 않을 뿐더러 우월감이나 열등감도 적을 수밖에 없다는 것이다. 그러면서 이것이 덴마크에서 벽돌공과 의사가 비슷한 대우를 받는 사회가 된 이유라고 설명한다. 다만 마지막에 덧붙이기를 한국을 잘 아는 이가 기자에게 '한국인은 질문 없이 잘 따르니 일을 추진하기에 효율적'이라는 요지의 말을 남겨 기자를 혼란스럽게 했다고 하는데, 이 역시 찬찬히 곱씹어볼 문제다.

　사람은 질문을 하면서 자아존중감이 생긴다. 앞에서 언급한 사례에서 희선은 세상이 바라보는 '나(Me)'를 통해 세상을 바라보았다. 아이는 왜 그래야 하는지 혼란스럽지만 질문하지 않았다. 아니 어쩌면 그 아이에게는 질문이 필요 없었는지 모른다. 언제나 '답'만 찾으며 살아왔기 때문이다. 그리고 어른들은 아이가 찾아낸 답을 '정답'이라며 기뻐했을 것이다. 그래서 희선은 무언가 잘못되어 가는 느낌이 있어도 자신이 찾은 답은 일등이 되어야 하는 것이기에 애당초 관심도 질문도 없었을 것이다.

　어찌 보면 '질문'은 '빠름'을 자랑하며 IT강국으로 커가는 한국 발전에 장애가 되는지도 모르겠다. 묻고 따지고 알아야 하는 여정이 디지털세상을 살아가는 우리에게 효율적이지 못할지도 모른다. 그러나 천천히 느리게 생각하고 배우지 않는다면 나(I) 없는 나(Me)가 되어 '너'와 '세상'만을 좇기에 급급하다. 따라야 할 '대상(object)'만 있고 판단하고 선택해야 하는 '나(I)'가 없으니 정신과 육신은 늘 공허하고 허망하다. 어쩌면 '성찰'이니 '명상'이니 하는 것도 이미 사치스러운 것이 되어 버린 듯하다. 하지만 멈춰 생각하고 성찰하지 않으면 마음도 의식도 활성화되지 않아 행동의 변화를 기대하기 어렵다.

생각이 '나'를 지배한다

조 디스펜자(Jeo Dispenza)는 『꿈을 이룬 사람들의 뇌』라는 책에서 "생각이 우리의 몸뿐만 아니라 삶 전체에 영향을 미친다"고 말한다. 그는 경기도중 사고로 척추가 6군데나 부러지고 24도 이상 구부러져, 어느 순간 마비될 수 있어 반드시 수술을 해야 한다는 진단을 받았었다. 그러나 그는 수술을 거부하고 뇌의 치유력을 통해 수술 없이 12주 만에 걷게 되었다고 한다. 그러면서 '생각이 곧 현실'이라고 강조한다. 생각은 우리 스스로 만들게 하고 그것을 믿게 한다. 그러므로 저자는 우리의 무의식적인 생각이 곧 우리의 상태를 결정하기 때문에 변하고 싶으면 생각을 바꾸라고 말한다. 그러면서 생각의 힘이 얼마나 강력한지를 아래와 같이 서술한다.

"당신이 어떤 생각을 떠올리면 그 순간 몸에서는 새로운 호르몬이 순식간에 분비된다. 갑자기 내리치는 번개처럼 뇌에 전류가 밀려들고 엄청난 양의 신경화학물질이 방출되는 것이다. 우리 몸의 내분비선은 면역계의 조절을 위해 수많은 신호를 내보낸다. 위는 위액을 분비하고, 간은 방금 전만 해도 없던 효소를 생산하기 시작한다. 심장박동이 불안정해지고 폐의 움직임 역시 달라진다. 심지어 손발의 모세혈관에 공급되는 혈액의 양까지 달라진다. 이 모든 것이 무심코 떠올린 생각 때문에 일어난다. 생각의 힘은 그만큼 강력하다."

생각해 보라. 매일 부정적인 생각이 반복된다면 나의 몸과 마음 그리고 행동까지도 이 생각에 의하여 지배될 것이다. 저자의 말대로 "반복적으로 생각하고 집중하는 것이 자신의 존재를 결정"한다는 사실이 설득력 있게 다가오지 않는가. 그러므로 우리는 행동에 대한 의식적 성찰도 중요하지만 무의식적으로 반복하는 '생각'에 주의를 기울여야 한다. 그 무의식이 바로 나의 '인격'일 수 있기 때문이다.

처음 운전을 배우기 시작할 때를 생각해 보자. 얼마나 많은 생각을 하면서 운전을 하는가? 엑셀과 브레이크를 몇 번 씩 되뇌면서 구분하려 하고 밖의 차선과 신호등을 번갈아 바라보며 진땀이 나고 팔과 다리가 저리던 기억이 난다. 그렇게 수없이 생각하면서 학습하였다. 그런데 어느 정도 운전에 익숙해지니 어떤가? 아무 생각이 없다. 차선도 신호등도 그저 자동적으로 눈에 들어오고 라디오를 듣거나 전화를 하면서 운전을 해도 몸은 긴장하지 않는다. 이미 생각의 반복은 몸으로 학습된 것이다. 그러니 반복되는 '생각'은 마음과 몸에 깊이 들어와 하나의 인격과 모습으로 드러나는 것은 당연하다. 생각이 나를 지배한다. 그러므로 우리가 어떤 생각을 자주 하는지 주의를 기울이는 것은 매우 중요하다.

생각은 느낌을 깨운다

'생각만 하면 생각대로'라는 광고문구가 있다. 그런데 정말 생각만 하면 생각대로 이루어질 수 있다는 확고한 믿음이 필요한 것 같다. 잘되리라 생각하면 어떻게 해서라도 꼭 그렇게 된다는 샐리의 법칙이 있다. 피터 피츠사이몬스는 『인생의 작은 법칙들』이라는 책에서 여러 가지 재미있는 샐리의 법칙들을 이야기한다.

- 신호등의 법칙: 건널목에 도착하자마자 신호등이 파란불로 바뀐다.

- 소나기의 법칙: 맑은 날 우산을 들고 나갔는데, 갑자기 소나기가 쏟아진다.

- 스카프의 법칙: 새로 산 스카프가 마음에 들지 않아 언니에게 줬는데, 알고 보니 그날이 언니의 생일이다.

- 영화표의 법칙: 영화표를 끊고 돌아서는 순간 갑자기 '매진'이라는 푯말이 내걸린다.

물론 이와 반대로 나쁜 일이 연속적으로 일어나는 머피의 법칙도 있다.

똑같은 상황에서 샐리의 법칙을 믿으면 좋은 일만 일어나는 것 같고 머피의 법칙을 믿으면 재수 없는 일만 일어난다고 생각할 수도 있다. 생각하기 나름 아니겠는가? 생각을 어떤 방향으로 하느냐에 따라 동일한 현상을 달리 볼 수 있기 때문이다.

실제로 좋게 생각하면 좋게 이루어진다는 믿음으로 그런 결과를 낸다는 많은 연구결과들이 있다. 미국 뉴저지주 러커스대학교의 사회학자 엘렌 아이들러 교수는 실제로 전 세계의 역학조사를 보면 공통적으로 스스로가 건강하다고 믿는 사람이 오래 산다는 것이다 (KBS 다큐멘터리, 〈마음〉 참조). 우리는 생각대로 느낀다. 좋게 생각 하면 좋게 이루어지고 나쁘게 생각하면 나쁘게 이루어지는 것은 결국 생각에 의하여 마음이 움직이고 또 그렇게 느껴지는 것이다.

매너리즘에 빠져 산다

예방교육에서 이성이란 합리적 능력이며, 사고 · 탐색 · 의무 · 문제해결을 위해 개인 안에 내재한 최고의 에너지를 발달시키는 영역이다(피에라 카발리아, 『돈보스코의 예방교육』 참조).

21세기의 교육에 있어서 특히 합리성(rationality)을 추구해야 한다. 돈보스코는 합리성이란 젊은이들 개개인의 심리를 살펴 이에 맞게 적응하도록 이끄는, 교육자로서 가장 중요한 자질이라 믿었다. 그 리하여 학생 개개인의 구체적인 상황과 개별성 안에서 자신의 교육 철학을 적용하려고 연구했으며 다른 교육자들에게도 권고했다.

어찌 보면 합리성은 가장 인간다움의 영역이다. 또한 상황과 사 건에 따라, 사람과 사물에 따라 늘 그 이유와 필요성을 찾고 유연 하면서도 절도 있게 적용하는 합리성은 곧 창조력이다. 그러나 요 즘 우리는 종종 매너리즘(mannerism)에 빠져 무엇이 잘못되었는지 왜 그렇게 해야 하는지 의식하지 못한 채, 그저 기계적인 탐욕에 의해 움직이고 있다. 우리의 사고에는 침묵과 성찰, 고뇌의 과정이 빠져있다.

합리성은 자신과 대상의 실체를 제대로 보고 인식할 때 가능하다. 그러나 이 실체를 파악하지 못해 환상을 키우는 경우가 있다. 그리스신화에 나오는 미소년 나르키소스는 물에 비친 자신의 모습을 사랑하다가 탈진하여 죽고 만다. 미디어학자인 마샬 맥루한은 나르키소스의 죽음은, 거울이라는 수단에 의해 감각이 마비된 나르키소스가 물에 비친 자신의 모습을 다른 사람으로 잘못 여겼기에 일어난 비극이라고 말한다. 자신의 확장된 이미지나 반복된 이미지를 스스로 제어하지 못하면 지각이 마비상태에 빠지게 된다는 것이다. 중요한 것은 나르키소스는 자신을 자신으로 생각하고 사랑한 것이 아니다. 결국 자신을 제대로 알아보지 못하고 물에 비친 자신의 모습을 다른 사람으로 여겨 사랑한 것이다.

시편 저자는 '우상을 만드는 자와 그들에 의지하는 자는 모두 그들과 같다'(115편 참조)고 노래한다. 우상은 만들어낸 사람의 확장으로 존재하여 진짜 자신을 알아보지 못하게 한다. 특히 현대사회는 고도로 발달한 과학기술에 의해 실제로 만지고 보고 느끼지 않아도 되는 것들이 많다. 마샬 맥루한이 주장한 것처럼 테크놀로지에 의하여 우리의 중추신경이 마비되고 테크놀로지가 곧 자신의 확장이 되어간다.

이렇게 반복된 일상의 매너리즘을 벗어나기 위해, 자신과 상황 앞에 자주 그 이유와 필요성을 묻고 멈춰야 할 것이다. 이러한 노력으로 우상(테크놀로지)으로부터 벗어나 자유로움과 함께 인간적인 가치와 의미를 찾아야 한다.

　자녀에게 무관심한 부모보다는 합리적이지 못한 부모가 더 좋지 않은 영향을 줄 수 있다는 연구결과가 있다. 방치보다는 일관성 없이 아이를 괴롭히는 부모가 문제라는 것이다. 교사나 부모가 합리적이지 못하기에 아이는 예측하지 못한 돌발적인 상황의 변수를 온전히 감내해야 한다.

　아이들은 부모님으로부터 가장 억울할 때를 이렇게 표현한다.

　"우리 엄마는요. 기분이 좋으면 컴퓨터를 계속해도 아무 말도 하지 않아요. 그런데 아빠랑 다투거나 할머니에게 무슨 일이 생겼다 하면 그날은 죽음이에요. 그때는 공부하는 척이라도 하고 있어야 조용해요."

　"우리 아빠는요. 도대체 왜 화내는지 모를 때가 많아요. 막 소리지르고 어떤 때는 등짝을 때리기도 하는데 왜 맞아야 하는지 모르겠어요. 그래서 눈물이 나고 막 화나요."

　"똑같이 잘못했는데 왜 나만 맞는지 모르겠어요."

　대체로 체벌은 부모나 교사가 어떤 것에 매우 화나 있는 감정적인 문제다. 부모들은 말한다. "체벌이 왜 잘못 되었나요?" 그러나 체벌하는 부모나 교사들은 스스로에게 물어보아야 한다. "내가 아이를 때릴 때 나의 감정은 어떠하였나?" 감정이 격했다면 거기에는 아이가 이해할 만한 합리성이 결여되었다고 봐도 괜찮다. 또한 합리적이지 못한 부모의 잔소리를 아이들은 가장 듣기 싫어한다.

　잘못한 행위자체에 대한 지적이 아닌 아이의 인격을 무시하는 말이다. 요즘에 인터넷만화에서 시작하여 퍼지는 '엄친아'라는 말이 있다. 엄마들이 자녀가 잘못할 때 늘 친구 아들을 비교하면서 '○○는 그렇다는데… 너는 왜…'라고 한다. 이 얼마나 비합리적인 질책인가. 소통은 가장 합리적일 때 효율적으로 전달된다. 그래서 아이가 잘못을 할 때 꾸중에 대하여 인정하고 있는지 아니면 억울하게 느끼고 있는지 확인되어야 한다. 똑같은 상황에서 다르게 보상과 처벌이 주어진다면 아이는 혼란스러울 수밖에 없다. 또한 잘못을 한 것에 대한 합리적인 이유를 제대로 제시하지 못하면 분노와 원한만 사게 된다. 부모나 교사의 생각이 제대로 전달되고 있는지는 바로 일관성과 합리성에 있다. 칭찬도 마찬가지다. 부모는 칭찬했다고 생각하지만 아이는 그렇게 느끼지 못할 경우가 있다. 그래서 돈보스코는 부모나 교사의 칭찬이나 사랑을 아이 스스로 느끼고 있는지, 혹은 아이가 받고 있는 벌이나 보상에 대하여 제대로 이해하고 있는지에 대하여 재차 묻는다. 이는 지도자와 아이와의 소통이 아이의 입장에서 제대로 되고 있는지를 묻는 것이다.

소통에 있어서 가장 큰 장애는 대부분 어른들에게 있다. 특히 감정적으로 대응할 때 아이는 상처를 받게 된다.

심리학자인 알버트 엘리스(Albert Ellis)는 어릴 때의 비논리적 학습은 비이성적 사유를 하게 하고 이는 정서장애의 원인이라고 말한다. 정서장애는 학습의 무능력이나 막연한 불행감으로 삶의 긍정적인 의욕을 감소시킨다. 결국 교육의 성공은 생각과 느낌의 상호통교에 있다. 장 자크 루소(Jean-Jacques Rousseau)는 이성과 감성의 통합을 강하게 호소하였다. 이성과 감성의 통교는 곧 합리성에 있다.

이유와 필요성을 찾아라!

프리드리히 니체(Friedrich Wilhelm Nietzsche)는 '왜'를 알면 '어떻게'를 안다고 했습니다. 근원적인 이유와 필요성에 대하여 숙고가 되어야 무엇을 해야 하는지에 대한 길이 열립니다. 그저 성공해야겠다는 욕구만으로 성공할 수는 없습니다. '왜'는 무의식에서부터 깨어나게 만듭니다. 무의식의 생각에서 벗어나지 못하면 변화를 기대하기 어렵습니다. 그래서 멈춰 생각하는 시간이 필요합니다. 무의식 속에 있는 생각들을 들여다보면서 진짜 하고자 하는 동기를 찾아냅니다. 원하는 생각에 '왜'라고 물어봅시다. 그러면 그 생각이 의식에서 깨어나 삶에 직접적인 영향을 줍니다.

젊은이들에게 '공부해야 하는 이유와 필요성'이 무엇이냐고 묻는다면 뭐라고 답할까요?

공부는 중요합니다. 그런데 왜 하는지 모릅니다. 그러다 보니 시험지에 답은 잘 쓰지만 아는 것이 없습니다. 나를 변화시키고 살찌우는 지식이 아닌 그저 써먹기 위한 실용의 정보로 인식하기에 삶에 변화가 없습니다. 시험지에 쓰고 나면 쓰레기통을 비우듯 머릿속은 깨끗합니다.

독일작가 모니카 페트가 쓴 『행복한 청소부』라는 동화가 있습니다.

청소부는 매일 자신이 청소하는 거리의 표지판에 적힌 예술가들의 음악이나 사상을 떠올리면서 정성껏 청소합니다. 집으로 돌아가서 그 예술가들과 관련된 음악이나 책을 읽으면서 공부하고 다시 거리로 나와 표지판의 이름을 닦으면서 예술가들을 만나면서 자신에게 강의를 합니다. 그러다 길을 가던 사람들을 멈추게 하고 감동을 줍니다. 어느 순간 너무 유명해져 어느 대학에서 교수로 초대 받기도 합니다. 그러나 그는 정중하게 거절하면서 "제가 그토록 열심히 공부한 이유는 사회적으로 대우받기 위해서가 아니랍니다"라고 말합니다. 다만 자신이 성장하고 행복해지고 싶어서라고 당당하게 밝힙니다. 우리 젊은이들은 왜 공부를 할까요? 수학공부는 왜 합니까? 살면서 어려운 미적분을 풀 일도 없을 텐데 말입니다.

돈을 벌어야 하는 이유와 필요성은 무엇일까요? 어른이건 아이건 간에 '돈'에 대한 욕구는 갈수록 깊어만 갑니다. 돈 때문에 죽는 경우는 또 얼마나 많습니까? 사랑도 미움도 모두 돈으로 흥정하려 하는 오늘날 우리는 묻지 않을 수 없습니다.

"돈이 왜 필요한데?"

그런데 초등 6학년인 민수가 큰소리로 말합니다.

"아! 돈에 벼락이라도 맞았으면 좋겠어요."

놀라 "돈에 맞아 죽고 싶다고?"라고 반문하니,

아이는 말합니다. "어때요. 다른 것도 아닌 돈에 맞았는데요."

　　지금 당장 나에게 엄청난 돈이 주어진다면 무엇을 하고 싶나요? 당장 사고 싶은 것들을 마음껏 적어봅시다. 기분이 좋겠지요. 그리고 아래의 빈 칸을 채워봅시다.

돈으로 무엇을 살 수 있을까?

돈으로 멋진 침대를 살 수 있다.　그러나 잠은 살 수 없다.

지식이 가득한 책을 살 수 있다.　그러나 지혜는 살 수 없다.

화려한 장식물을 살 수 있다.　　그러나 ___________.

온갖 기름진 음식을 살 수 있다.　그러나 ___________.

크고 넓은 집은 살 수 있다.　　　그러나 ___________.

진기한 약품을 살 수 있다.　　　그러나 ___________.

안락한 가구들을 살 수 있다.　　그러나 ___________.

흥겨운 오락을 즐길 수 있다.　　그러나 ___________.

멋진 십자가를 살 수 있다.　　　그러나 ___________.

웅장한 교회 건물을 살 수 있다.　그러나 ___________.

(작가미상, 김용은 옮김)

3. 오늘의 '문제'는 내일의 '희망'

참을 수 없는 '정보'의 가벼움 앞에서

너무 많은 형상에는 형상이 없으며
너무 많은 상징에는 상징이 없다.
너무 많은 말에는 말이 없으며
너무 많은 이미지에는 이미지가 없다.
너무 많은 아이디어에는 아이디어가 없다.

지금은 '정보전쟁' 중이다. 인터넷에서 '클릭'하는 순간 수많은 정보들이 쏟아져 나온다. 그리고 우리는 이것저것 쇼핑하듯이 훑어본다. 무엇인가 새로운 이슈가 떠오르면 중요한 소통의 주제가 되어 잡담(gossip)에 빠지게 된다. 더 이상 낮말과 밤말이 따로 없다. 그러니 새도 쥐도 모두 듣고 서로 떠드는 잡담의 시대에 우리는 살고 있다. 숨겨진 비밀은 기어이 헤쳐 내어 더욱 더 공공연하게 드러내려한다. 그래서 연예인이나 정치인들은 더 이상 사생활이 존재하지 않는다. 남에게 보이고 싶지 않은 이들만의 은밀한 스캔들은 굶주린 동물처럼 덤벼드는 언론에 의하여 대단한 먹잇감으로 던져지고 대중은 그것을 흥미롭게 공유한다. 비참한 이야기도 슬픈 이야기도 모두 흥미롭다. 그러다보니 어른들만의 비밀은 더 이상 존재하지 않는다. 그래서 미디어생태학자인 포스트먼(N. Postman)은 더 이상 '어린이는 존재하지 않는다'고 한다. 아이들은 어떤 분야에서는 부모나 교사보다 더 많은 것을 알고 있다. 그리고 그들은 모든 것을 '다 안다'고 생각한다. 이것이 문제다. 어디 아이들뿐이겠는가. 어른들도 가볍디가벼운 정보의 깃털을 품고 '다 안다'고 착각한다. 정치, 연예, 스포츠, 여가에 관련된 많은 정보를 섭렵하여 어떤 대화에서건 빠지지 않는다. 이것이 세상의 이치라고 생각하면서 말이다. 마이클 하임은 이러한 '인포매니아는 의미 처리 능력을 갉아먹고' 있다고 말한다.

그래서 '왜?'에 대한 답은 간단하다. ○○신문에서, 인터넷에서, TV에서 보았으니 말이다.

아이들도 아우성이다. "제발 '왜?'라고 묻지 마세요. '그냥' 재미있으면 되지요?"

사람들은 '이성'의 시대는 지났고 '감성'의 세상이 왔다고 말한다. 그래서 수많은 젊은이들은 테크놀로지의 '느낌'과 '재미'로 자신들의 감성을 길들여간다. 우린 분명 창조혁명의 시대를 향하여 살아가고 있다. 많은 학자들은 "상상력의 한계가 인류의 한계"라고 주장하며 '감성'과 '창의력'만이 성공의 열쇠라고 말한다. 그러나 생각과 질문 없이 상상력과 창의력이 자랄 수 있을까? 과연 감성만으로 '창조'가 가능할까? 창조란 뭔가 다른 마인드로 차별화하는 능력이다. 근거와 이유 그리고 논리가 없다면 무엇으로 창조할 수 있고 차별화된 마인드를 성장시킬 수 있을까? 저장된 지식 정보에만 의지하여 물음 없이 상상이 가능한가? 물음 없이는 감동도 없다. 감동이 없다면 설득력도 정당성도 얻어내지 못한다.

TV는 내용을 분석하지 않으며 각종매체에서 쏟아내는 정보는 '왜'를 묻지 않는다. 우리가 '무엇'에만 관심을 기울이기 때문이다. 정보는 경제논리에 의해 창출되며 이익을 높이는 자본이며 자료이다. 요즘엔 우리의 느낌이나 심리구조까지도 경제적 세계의 일부분(장 보드리야르)이 되고 있다. 정보는 감정과 몸으로 체화되지 않은 채 가볍게 떠다닌다. 정보는 고난과 고통, 슬픔과 행복의 아우라를 잊게 하고 표류하면서 합리적인 사고를 그르치는 편협한 판단을 하게 한다. 보고 듣는 것이 많을수록 혼란스럽고 더 알 수 없다. 그러니 우리는 이러한 대책 없는 현실 앞에서도 묻고 또 물어야한다. '왜'는 즐거움보다는 슬픔을 감내하도록 책임을 묻게 하고 '어떻게'를 알려준다. '왜'는 뼈아픈 '자기보기'를 통해 '의미'를 찾게 한다.

이문열의 『하늘길』에서 주인공은 하늘길을 향한 험난한 여정을 선택한다. 할아버지도 아버지도 형제자매들도 모두 가난으로 굶어 죽는 비참한 현실에 저항하면서 '왜?'라고 묻는다. 주인공은 도대체 이유가 무엇인지 꼭 알아내야 했고 알기 위하여 치러야 하는 고된 도전과 책임을 감내해야 한다. 이 선택으로 결국 주인공은 하늘의 주인을 만나고 새로운 사람으로 거듭난다.

'저는 이제 하늘로 가서 그분을 만나 뵈려고 해요. 만나서 왜 우리가 이렇게 가난한지 따져 볼 거예요. 저 또한 헐벗고 굶주려 죽게 되더라도 왜 그렇게 죽어야 하는지 까닭은 알아야 하지 않겠어요?'

멀고도 긴 하늘길에 선 주인공은 자신의 물음만을 짊어지고 가지 않았다. 길에서 만난 다른 이의 '문제'까지 마음에 담는다. 삶에서 오는 문제를 풀고자 하는 강렬한 의지와 용기, 그리고 이웃의 고통을 외면하지 않는 '사랑'이 어우러져 결국 그는 자신이 원하던 재물과 배우자를 얻는다. 하지만 이야기의 끝은 '행복하게 살았더라'가 아니고 '아무것도 지니지 않은 채 훌훌 떠났다'고 한다. 결국 주인공은 떠난 것이 아니라 '진리'의 문에 들어선 것이다.

"당신의 마음속에 해결되지 않는 모든 문제에 대하여 인내하라.
그리고 그 질문 자체를 사랑하도록 노력하라.
자신에게 주어지지 않은 답을 찾으려 하지 말라.
당신은 그 답 속에서 살아갈 수는 없다 .
중요한 것은 모든 것 속에서 사는 것, 지금 그 질문을 살아라.
아마도 당신은 점차적으로 어느 순간에 자신도 모르게
대답 가까이에서 살아가고 있을 것이다."

             – 라이너 마리아 릴케(Rainer Maria Rilke)

문제는 희망이다

　돈보스코는 어느 날 토리노에서 꽤나 유명한 깡패 두목과 마주치게 되었다. 돈보스코는 이때를 놓치지 않고 환한 미소를 띠며 다가가 인사했다. 그의 빈정거림에 개의치 않고 더욱 관심을 기울이며 정중하게 부탁 하나를 들어달라고 간곡하게 청했다. 그는 의아해하며 무슨 부탁인지 물었다. 돈보스코는 망설임 없이 점심식사를 함께 하자고 했다. 이 젊은 깡패 두목은 "지금 사람을 잘못 보신 것 아닌지요?" 하며 당황했지만, 돈보스코는 그의 이름까지 다정하게 불러주면서 "자네 이름은 조르지오 아닌가?"라고 응답했다. 젊은 깡패 두목은 돈보스코의 사랑어린 관심과 친절에 감격했고 이후 그는 새로운 인생을 찾았다(카를로 데 암브로지오, 『돈보스코처럼 교육합시다』 참조).

　교육자라면 어떤 젊은이도 두려워해서는 안 되며 그들 안에 있는 '희망'을 놓치지 말아야 한다. 심리학자인 도널드 위니컷은 아이들의 문제행동은 희망의 에너지라고 하였다. 참자기가 나오기 위하여 '문제'는 반드시 뛰쳐나와야 한다. 돈보스코 역시 문제아는 없고 다만 문제가정만 있다고 하였다. 이는 환경에 의하여 '문제'가 있는 것이지 아이에게는 변화할 수 있는 무한한 가능성과 희망이 있다는 확신이다. 돈보스코는 그 유명한 깡패 두목 조르지오의 내면에 있는 가능성을 보았다. 그리고 조르지오는 돈보스코를 통하여 자신의 존재 이유를 깨달았다. 조르지오는 결정적으로 자신의 이름을 불러준 돈보스코에게 마음을 열면서 세상을 직시한다. 그리고 자신의 소중한 삶을 위해 투신해야 할 이유와 필요성을 학습하게 된다. 이렇듯 돈보스코는 여러 가지 방법으로 청소년들에게 '너는 소중하다'는 메시지를 보냈다. 특히 잠깐 스쳐 지나가는 아이들 한 명 한 명까지도 이름을 불러주었다. 교육자가 아이의 이름을 잘못 불러주거나 계속 틀리면, 아이는 자신은 잊힌 존재라는 생각에 화를 낸다고 한다(카를로 데 암브로지오, 『돈보스코처럼 교육합시다』 참조). 돈보스코처럼 아이의 눈을 사랑스럽게 바라보면서 이름을 불러준다면 아이들 자신의 착한 본성과 소중함을 일깨워주기에 충분한 순간이 될 것이다.

문제아는 없다

어느 날 저녁, 돈보스코는 사라진 두 아이를 찾고 있었다. 어떤 신부님은 그 아이들이 나타나자, "너희들 둘, 오늘 저녁 때 무슨 짓을 했지?"라고 다그쳤다. 아이들은 아무 짓도 안했다며 딱 잡아떼었다. 그러자 안 되겠다는 듯이 이 아이들을 돈보스코에게로 보냈다. 그런데 돈보스코는 깊숙한 시선으로 잠시 그 아이들을 응시하더니 무언가 '귓속말'을 해 주었다. 그러자 아이들은 즉시 자신들이 한 것에 대한 용서를 청하고 다시는 그러지 않겠다는 약속을 하였다.

도대체 돈보스코가 무슨 말을 했기에 아이들이 자신의 잘못에 대한 용서를 청할 수 있었을까? 확실한 것은 아이들은 돈보스코의 '귓속말'을 통해 자신들이 온전히 존중받고 있음을 느꼈다는 것이다. 아이들에게 있어 '귓속말'은 단순한 제스처가 아니라 돈보스코의 마음이며 그것이 아이들의 마음을 움직이게 한 것이다. 귓속말은 아이들 있는 그대로 존중하며 그들의 행동과 감정에 공감하는 최고의 소통이었다. 살레시오 총장신부인 파스칼 차베스는 "마음으로 말하기 방식중 하나인 돈보스코의 '귓속말'은 일상을 직면하는 데 필요한 매일의 지혜를 담아주는 감동적인 순간이며 삶의 예술"이라고 한다(《살레시오 생활지표》, 2008 참조). 사랑의 마음은 아이들의 이성과 감성에 젖어드는 강력한 커뮤니케이션이다, 그렇게 할 때 명확한 메시지가 전달된다. '사랑에 의하지 않고는 진리에 들어갈 수 없기(파스칼 Blaise Pascal)' 때문이다.

파커 J. 파머는 많은 교육자들은 자주 '무엇'을 가르칠까? '어떻게' 가르칠까? 에 대한 질문에 안주한다고 한다. 그러나 정작 중요한 '나는 누구인가?'에 대하여는 등한시 한다는 것이다. 교육자의 '인격'은 청소년들을 위한 최고의 학습내용이다. 자신에 대한 정체성은 결코 얼마나 많은 것을 알고 잘 가르치느냐에 있는 것이 아니라, 나는 '누구'인가에 달려있고 그 정체성이야말로 대단한 교육핵심이 된다. 테크놀로지에 의존해 닫힌 '정보'와 학습된 테크닉의 가르침은 공허하고 지루하다. 고요하지 못한 내면은 '물음'을 듣지 못하며 생각은 멈추고 자의식을 찾는 여정에서 길을 잃고 만다.

이성과 지성은 의미와 가치를 살피는 마음의 능력이다. 돈보스코의 예방교육에서 '이성'은 개개인에 대한 합리적인 보살핌에서 비롯된다. 교육자는 아이들 개개인을 알고 그들의 문제까지 알아 이에 맞는 합리적 배려를 해야 한다. 맹목적인 사랑이 아니다. 또한 틀에 박힌 개념이나 판단은 더욱 아니다. 마음이 없는 도덕적 문제 해결이 아니라 덕행에 의한 인간적인 합리성이다. 이는 교육자 스스로가 자신의 내면을 통찰하고 깊은 의미를 읽어낼 때 가능하다. 우리는 어떤 문제 자체에 고통하기보다 나의 가치로 인하여 고통한다. 우리는 어떤 상황에서 행복해 하기보다 나의 마음자세에서 행복하다. 헤르만헤세는 "행복은 '무엇'이 아니라 '어떻게'의 문제이며 대상이 아니라 재능이다"라고 말한다. 결국 '문제아'는 부모나 교사의 잘못된 편견에서 만들어지며 아이들의 행복은 지도자의 인격에서 만들어진다.

오늘의 위기는 '인식'의 위기

영국의 아동작가인 콜린 웨스트(Colin West)의 작품인 퍼시더핑크(Percy the Pink)라는 동화가 있다. 핑크색에 집착하는 영주인 퍼시는 자신이 바라보는 세상이 핑크색이 아닌 것을 몹시 슬퍼하면서 자신의 백성들에게 핑크색 옷을 입으라고 명령한다. 그것으로 만족하지 못한 퍼시는 모든 건물을 핑크로 색칠하게 하고 그것도 부족해 동물들도 핑크색으로 칠하라고 법을 제정하여 공포한다. 그런데 막 자라는 나무와 꽃들은 여전히 핑크가 아니었기에 식물들에게도 핑크색을 칠하라고 명령한다. 그렇게 해서 퍼시가 다스리는 영지는 온통 핑크색으로 뒤덮이게 된다. 그러던 어느 날 하늘을 보니 여전히 핑크색이 아니었던 것이다. 퍼시는 다시 고민하기 시작한다. 하늘을 핑크빛으로 물들일 수 없는 퍼시는 현자에게 도움을 청한다. 그는 밤낮으로 고심을 하다가 마침내 핑크색 안경을 만들어낸다. 드디어 퍼시는 핑크색 하늘을 바라볼 수 있었고 굳이 색을 칠하지 않아도 온 세상을 핑크로 보게 된 것이다.

  퍼시라는 인물이 우스꽝스럽게 느껴질지 모르지만 우리 안에는 퍼시의 집착이 어느 정도 내재되어 있다. 닐 포스트먼은 현대인은 기술에 정복당했으며 인간이 기술에 전권을 내어주고 노예로 전락하였다고 한다. 실용주의의 덫에 걸린 학교는 더 이상 진리가 무엇인지 탐색하는 교육의 장소가 아닌 돈을 벌게 해 주는 기업의 장이 되었다. 이러한 혼란스러운 현실에서 신과학자들은 현대의 '위기'는 '인식의 위기'라고 하면서 혁명적인 패러다임의 급격한 전환을 요구하고 있다. 왜 세상이 핑크색이어야 하는지, 그리고 핑크색 안경을 쓰면 세상이 왜 핑크빛으로 보이는지조차 우리는 인식하지 못하고 있다. 내가 좋아하는 색으로 세상을 보고 또 그렇게 보여야 하는 집착은 결국 다른 정보를 무시하고 오로지 대상에 몰입하는 주의력 결핍이기도 하다. 대상을 알고 객관적 실재를 분별하고 성찰하는 인식이 작용되지 않는 상황에서 다름을 수용하지 못하고 과정보다 결과에 집착하는 실용에 말려든다.

틱낫한 스님은 「공존」이란 시에서 한 장의 종이 안에 공존하는 우주를 이야기한다. 구름과 비, 나무와 햇빛과 숲 그리고 나무를 베는 나무꾼을 본다. 빵을 만드는 밀가루를 보고 나무꾼의 가족을 본다. 또한 한 장의 종이 속에서 서로의 마음을 보며 하나의 생명을 위해 구성된 수많은 존재의 공존을 본다. 결과 중심에 빠져있는 우리는 작지만 큰, 그리고 가깝지만 먼, 죽었지만 살아있는 시스템 안에서 상호작용하고 연관되어 있는 공존에서 이루어지는 과정 중심의 비전을 지녀야 한다.

그러므로 작지만 크게 가깝지만 멀리 그리고 걷지만 뛰면서 유기체적인 살아있는 시스템 속에서 역동적으로 유연하게 움직여야 한다. 종이 한 장을 보면서 다른 이질적인 요소들과의 관계를 허락하고 수용하면서 거대한 세상을 창조해야 한다.

크게 보기 위하여 주변 환경을 인식하고, 멀리 뛰기 위해서 일상의 작은 일들을 성실하게 수행하자. 우리에게 비전은 중요한 생태계의 원리 안에서 공존의 삶을 추구하는 것이어야 한다. 그러므로 각자의 안경을 벗고 있는 그대로를 보면서 공존을 추구하는 인식에 깨어있어야겠다.

'진실'은 기다리는 사람의 것

오늘날 우리는 너무 한쪽으로 성급하게 강요당하고 그것에 치우치는 경향이 많다. 현대 정신분석가인 마이클 아이건(Michael Eigen)은 자신의 나라인 미국은 현재 양심 없는 사람들이 판치는 '정신증을 앓고 있는 시대(age of psychopathic)'를 살고 있다고 지적한다. 정부는 기업의 이윤을 위하여 미디어는 정부를 위하여 그렇게 서로의 이익을 챙기며 귀를 막아 끔찍한 세상이 되어가고 있다는 것이다. 그러면서 전쟁에 져도 돈을 벌기에 양심과 무관하게 전쟁을 일으킨다고 한다. 아이건은 이런 현실 앞에 비명을 지르고 싶은데 정부가 거대한 괴물처럼 보이고 자신은 '방음벽'에 갇힌 어린아이처럼 느껴져 더 이상 어떻게 할 수 없는 무력감에 빠지게 된다고 고백한다.

기다려야 들을 수 있다. 외부의 소리가 있지만 동시에 내부의 소리도 있음을 잊지 말아야 한다. 외부의 소리가 너무도 강렬하면 뜻도 모르고 말려든다. 오히려 세상에 살아남으려면 이 정도는 즐겨야 된다고 하면서 스스로 그 유혹을 즐기려한다. 게다가 함께하지 않는 사람은 바보가 된다. 그래서 세례자 요한이 빵을 먹지도 않고 포도주도 마시지 않자 사람들은 마귀 들린 사람이라고 놀려댄다. 그런데 예수님이 오셔서 먹고 마시자 세리와 죄인들과 다름없는 먹보며 술꾼으로 취급한다(루카 7,33-35 참조).

살레시오 성인은 그리스도인들에게 말한다. 우리는 세상과 함께 웃고 떠들고 춤추거나 하지 않아도 위선이라 비방한다. 좋은 옷을 입으면 멋 부린다고 할 것이며 평범하게 입으면 유난스럽다고 한다. 쾌활하면 점잖지 못함을 꼬집을 것이며, 절제를 하면 쓸데없는 자기 연민이라고 한다. 고해신부와 길게 이야기하면 무슨 까닭인지 의심할 것이며 짧게 고하고 나오면 마음을 열어 보이지 않았다고 한다. 열심히 일하면 욕심쟁이요, 유순하면 기력이 없다고 한다. 그리고 세상은 쾌락 안으로 손짓하며 우리를 끌어들이려 한다는 것이다.

이럴 때 기다리라. 진실이 무엇인지는 인내가 밝혀준다.

"낮새를 위협하려 울부짖는 올빼미는 그저 원하는 대로 떠들게 내버려 두어야 한다. 세상의 현란한 유혹과 광란의 범죄에 말려들지 않으려면 서둘러 대응치 말고 기다려야 한다. 진실이 무엇인지는 인내만이 밝혀줄 것이다."

– 성프란치스코 살레시오

낮새를 위협하려 울부짖는 올빼미는 그저 원하는 대로 떠들게 내버려 두라. 현란한 유혹에 말려들지 않으려면 함께 싸우려 논쟁을 벌이지도 말고 그저 어린아이처럼 하느님 품에서 기다리라. 모닥불을 피우다가 꺼져버린 잿더미는 다 타버렸지만 다음 날 아침 잿더미를 치우다 보면 작은 불씨를 발견하게 된다. 비록 불씨는 작지만 또 다른 모닥불을 만들어 내기에 충분하다.

살레시오는 하느님의 사랑이 자신의 내면 깊이 반딧불처럼 숨어 있어 존재하지 않는 것처럼 느껴지지만 분명 현존하고 있음을 강조한다. 그러면서 시에나의 성녀 카타리나는 온갖 유혹으로 암흑의 불길에 싸여 방황하고 있을 때 하느님과의 대화를 예를 들어 말한다.

카타리나는 "제가 그토록 어둠에서 방황할 때 당신은 어디에 계셨습니까?"라고 하자, 주님께서는 "네 마음 안에 있었다"고 답한다.

그러나 그녀는 "어찌하여 당신이 더러움이 가득한 제 마음에 계실 수 있습니까?" 하고 반문하자, "유혹을 당할 때 너는 즐거웠더냐? 괴로웠더냐?"라고 주님께서 질문하셨다.

그녀는 "표현할 수 없는 고통이며 슬픔이었습니다"라고 답한다. 주님께서는 카타리나의 고통과 슬픔은 작은 불씨처럼 남아있는 당신의 현존임을 잊지 말라고 말씀하신다.

언제 어디서나 유혹은 있다. 너무도 강렬하여 무뎌지거나 오히려 중독되기도 한다. 그러나 과연 우리는 카타리나처럼 세상의 유혹에 괴로워하는지 모르겠다. 아이건이 지적한 것처럼 우리 모두는 정신증을 앓고 있는 것은 아닌지 모르겠다. 그래서 세상의 유혹에 괴로워하고 비명을 지르는 우리의 행위가 방음벽에 갇혀 외치는 초라한 아이의 작은 몸짓으로 남게 된다.

때로는 세례자 요한처럼 먹지도 마시지도 않을 수도 있고 예수님처럼 세상과 함께 먹고 마실 수도 있다. 이럴 때 세상의 압력과 비난만이 아닌 내면에도 소리가 있음을 알고 기다려야겠다. 밤새도록 타고 남은 재속의 작은 불씨를 찾는 아름다운 '기다림'만이 진실을 듣게 해 준다.

크게 보고 멀리 뛰자!

틱낫한 스님의 「공존」이라는 글을 천천히 읽으면서 글 속의 풍경을 연상하고 그 속을 거닐어 볼까요. 주변을 둘러보면서 자신이 아끼는 물건 하나에 멈춥니다. 그리고 겉으로는 보이지 않지만 그 안에 존재하는, 작지만 커다란, 보잘 것 없지만 비범한 이야기를 찾아냅시다.

화분에 심긴 화초와 함께 그 속에 담긴 흙과 수분, 수많은 미생물과 공기, 화분을 만들어낸 도예인의 정성과 사랑을 찾아내어 '공존'이라는 주제로 또 다른 글을 써봅시다.

그리고 세상과 소통하는 비전을 생각합시다. 우리의 목표와 비전이 어떤 공존의 의미를 지니고 있는지 말입니다.

공존

만일 당신이 시인이라면

이 한 장의 종이 안에서 구름이 흐르고 있음을 분명히 보게 될 것입니다.

구름이 없이는 비가 없으며, 비 없이는 나무가 자랄 수 없습니다.

그리고 나무가 없이 우리는 종이를 만들 수 없습니다.

종이가 존재하기 위해서는 구름이 필수적입니다.

만일 구름이 이곳에 없으면 이 종이도 여기에 있을 수 없습니다.

그러므로 우리는 구름과 우리가 서로 공존하고 있다고 말할 수 있습니다.

그러므로 우리는 구름과 우리가 서로 공존하고 있다고 말할 수 있습니다.

지식 창조

나에게 필요한 지식은 암기하는 정보가 아니라________입니다.

나에게 필요한 지식은 현학적인 수사가 아니라________입니다.

나에게 필요한 지식은 빈틈없는 논리가 아니라 ________입니다.

나에게 필요한 지식은 사고를 구속하는 것이 아니라____입니다.

비교해 볼까요

"우리에게 필요한 지식은 암기하는 정보가 아니라 생각하는 힘입니다.

현학적인 수사가 아니라 마음을 움직이는 메시지입니다.

빈틈없는 논리가 아니라 비어있는 공간입니다.

사고를 구속하는 것이 아니라 더욱 자유롭게 하는 것입니다"(EBS 지식채널 e 참조).

❖ 스터디영성은…….

스터디영성은 참과 거짓, 선과 악, 아름다움과 추함을 식별해 주는 지혜이다.

스터디영성은 진리와 선을 향한 '확신'을 주는 힘이다.

스터디영성은 넘치는 지식정보로 허풍과 호언장담이 아닌 자신의 내면세계로 들어가게 한다.

스터디영성은 '왜'라는 물음으로 창조하고 상상하여 감동을 불러일으킨다.

스터디영성은 단호함과 부드러움, 논리와 느낌, 하드웨어와 소프트웨어의 균형으로 '진리'를 추구한다.

❖ 말씀묵상

"너희가 내 말 안에 머무르면 참으로 나의 제자가 된다. 그러면 너희가 진리를 깨닫게 될 것이다. 그리고 진리가 너희를 자유롭게 할 것이다"(요한 8,31-32).

"너는 눈에 넣어도 아프지 않을 나의 귀염둥이, 나의 사랑이다. 그러니 어찌 해안 지방을 주고라도 너를 찾지 않으며 부족들을 내주고라도 너의 목숨을 건져내지 않으랴!"(이사 43,4: 공동번역)

"저들의 우상들은 은과 금 사람 손의 작품이라네. 〔…〕 그것들을 만드는 자들도 신뢰하는 자들도 모두 그것들과 같네"(시편 115,4.8).

Chapter 2

행복을 부르는 마음의 영성, 스마일 SMILE

나는 나를 〈행복하게 해 주는 스마일영성〉을 어떻게 살아가는가?

1. 항상 그렇다 　　2. 자주 있다 　　3. 가끔 있다
4. 드물지만 있다 　5. 전혀 아니다

❖ 지도자

1. 미래에 대한 불안감으로 초초할 때가 있다. １ ２ ３ ４ ５

2. 어떤 일이 생기면 좋은 쪽보다는 안 좋은 쪽을 먼저 생각한다.
　　　　　　　　　　　　　　　　　　　　　１ ２ ３ ４ ５

3. 기쁜 일이 생겨도 다음엔 안 좋은 일이 생길까봐 현재의 기쁨
을 한없이 즐기지 못한다.　　　　　　　　　１ ２ ３ ４ ５

4. 칭찬이 아부나 입에 발린 말처럼 느껴져 망설이길 잘 한다.
　　　　　　　　　　　　　　　　　　　　　１ ２ ３ ４ ５

5. 남에게 나 자신을 드러내놓고 솔직하게 말하면 나를 부정적으로
볼까봐 가끔은 거짓말하거나 둘러대기도 한다.　１ ２ ３ ４ ５

6. 돈과 행복은 비례한다고 생각한다.　　　　１ ２ ３ ４ ５

7. 감사하다는 표현을 하기가 쑥스럽다.　　1　2　3　4　5

8. 남을 칭찬하는 데에 인색하다.　　1　2　3　4　5

9. 후회를 자주 하는 편이다.　　1　2　3　4　5

10. 문제가 생기면 인정하기보다는 변명이나 '○○ 때문에'를 먼저 생각한다.　　1　2　3　4　5

스마일삶 총계: ___________________

❖ 청소년

1. 불편하거나 힘든 일이 생기면 '난 할 수 없어!'라는 생각이 먼저 든다.　　1　2　3　4　5

2. 나의 잘못에 대해 솔직하게 인정하고 용서를 구한 적이 별로 없다.　　1　2　3　4　5

3. 돈과 행복은 비례한다고 생각한다.　　1　2　3　4　5

4. 미래에 대한 불안감으로 초조할 때가 있다.　　1　2　3　4　5

5. 주어진 책임을 쉽게 잊거나 기억나도 하기 싫을 때가 더 많다.　　1　2　3　4　5

6. 원하지 않았던 상황이 벌어지면 짜증부터 난다.　　1　2　3　4　5

7. 부모님이나 선생님은 나를 사랑하지 않는다는 생각을 종종 한다.　　1　2　3　4　5

8. 어른들의 실수나 잘못에 대해 불평을 하면서 그분들 앞에 용기 내어 말하지는 못한다.　　1　2　3　4　5

9. 감사하다는 표현을 하기가 쑥스럽다.　　1　2　3　4　5

10. 기분 좋게 아침에 일어나는 경우가 많지 않다.　1　2　3　4　5

스마일삶 총계: ___________________

❖ 점수

- **40~50**: 축하합니다! 행복지수가 매우 높습니다. 당신은 행복한 사람입니다.
- **30~39**: 희망이 있습니다! 우리 모두 행복할 권리가 있습니다. 조금만 당당하게 나갑시다.
- **20~29**: 용기를 냅시다! 기쁨은 일상에서의 선택이며 연습입니다.
- **10~19**: 조금만 더 쉼의 여유를 가지고 자신을 보살피고 사랑합시다.

행복하지 않은 **지도자**는 훌륭한 교육을 한다고 하여도 아이들에게 감동을 주지 못합니다. 교육자의 가장 위대한 교수법은 바로 '열정'이기 때문입니다. 열정은 스스로에게 감사하고 보살피는 에너지이며 동시에 행복을 선언하는 장엄한 축제입니다.

청소년기에는 자기도 감당할 수 없는 분노로 행동을 통제하기 어렵습니다. 그래서 자칫 극단적인 말과 공격적인 행동으로 주변 사람들을 당황하게 합니다. 그렇다고 화나는대로 흥분하면서 강한 정서적 반응을 보이다보면 그것이 습관이 됩니다. 반복은 습관을 낳고 습관은 자신의 인격이 되고 맙니다.

그러니 자신의 불쾌한 감정과 행동으로 누군가에게 상처를 주었다면 반드시 찾아가 용서를 구하고 변화를 꿈꾸었으면 좋겠습니다.

1. 사랑받고 있음을 느끼게 하라!

성프란치스코 살레시오는 사랑과 우정은 다르다고 말한다. 사랑은 상대와는 무관하게 혼자도 가능하지만 '우정'은 반드시 상호성을 수반한다. 서로 '함께' 다가가야 하는 것이 '우정'이다. 김태정의 '기도하는 마음'이라는 대중가요에서는 이를 잘 표현해 준다.

> "사랑하는 사람의 그 진실 알지 못하면 그 사람의 사랑을 받을 수 없고 기도하는 사람의 그 정성 알지 못하면 그 사람의 축복을 받을 수 없다."

진정한 사랑이란 나만 진실하고 열심히 기도하면 되는 것이 아니라 상대방이 느낄 수 있도록 하는 것이다. 그래서 돈보스코는 젊은이들을 "사랑하는 것만으로 충분하지 않고 사랑받고 있다고 느끼게 해 주라"고 당부한다. 자신의 열정만으로 주기만하는 것이 아니라 대상의 필요를 알아 지극히 실제적이고 구체적인 사랑을 보여 주고 그들로부터 신뢰와 애정을 얻어야 한다.

언젠가 자신의 아들이 고등학생인데 문제가 많다면서 상담해 주라고 데리고 왔다. 아들은 자신이 왜 여기에 와야 하느냐고 따졌다. 그러면서 상담 받을 사람은 자신이 아니라 엄마와 아빠라는 것이다. 아들의 하소연은 단 하나, "왜 나를 믿지 않습니까? 왜 잘할 때에는 칭찬하지 않고 문제만 꼭 꼬집어서 야단치십니까?" 나는 아이의 이 항의에 "옳소!" 하며 응원을 해 주고 싶었다. 어머니의 하소연은 이렇다. "나도 교사생활을 십여 년 했습니다. 아이들에게 정말 인내하는 선생입니다. 그런데 내 애한테는 그게 되지 않네요. 그러니 '문제'만 자꾸 보이고 걱정이 됩니다." 결국 부모가 원인이고 아들은 그 결과였다. 좋은 것은 속으로만 생각하고 나쁜 것은 크게 지적하니, 아이로서는 너무나 외로워 견딜 수 없어 어디론가 뛰쳐나가고 싶다고 한다. 특히 아이를 견딜 수 없게 하는 것은 어머니가 자기를 신뢰하지 않는다는 것이었다. 아이는 힘주어 말한다. "이 세상에서 나를 신뢰하는 사람이 단 한 사람이라도 나타난다면, 난 그를 위해 무슨 일이든지 할 수 있을 것 같습니다" 그 소리가 너무도 절박하여 눈물이 날 지경이었다.

어머니는 분명 자녀를 사랑한다. 너무 사랑하니 요구도 많다. 자녀가 잘되기를 바랄뿐이지만 어머니가 아무리 엄청난 희생을 퍼부어 사랑해도 아이가 그 사랑 느끼지 못하면 받지 못한 것이나 마찬가지다. 아니 반대로 분노와 미움에 사로잡힐 수 있다. 교육적인 사랑의 진실은 주고받는 거래도 아니며 무조건 퍼주는 짝사랑도 아니다. 어른이나 아이나 함께 다가가 서로에게 울림이 되어주는 상호적인 우정이어야 한다. 돈보스코는 말한다. "부모나 교사도 아이에게 사랑받아야 합니다."

변화를 일으키는 역동적인 사랑

수많은 사람들은 다양한 고통을 끌어안고 산다. 그런데 이 고통은 고통을 없애려는 우리의 몸부림에 더욱 짓눌리기도 한다. 정신분석 학자들은 인간은 본시 고통을 없애려는 본능을 지니고 있다고 한다. 그래서 저항하며 방어하고 우울함에 빠진다. 때론 영화처럼 편집도 하고 환상과 과대망상에 헤어나지 못한다. 그러다가 스스로 목숨을 끊기도 한다. 결국 이런 고통은 어디에서 오는 것일까? 우리는 태어 나면서부터 관계를 지향하는데 이는 생물학적 생존을 위한 필수적인 요구에서 온다. 마음과 정신이 아프고 결국 몸까지 아픈 것은 관계 앞 에 놓인 커다란 장애물로 인해 더 이상 나아갈 수 없기 때문이다.

세상에는 수많은 종류의 관계가 있다. 온 생명을 다하여 바칠 만큼 뜨거운 사랑의 관계가 있고 그저 스쳐지나가면서 적당히 서 로를 이용하는 관계도 있다. 그러나 어떤 종류의 관계든 장애물 앞 에 서면 똑같이 고통하게 된다. 그저 지나다가 만난 사람이라도 그 의 시선이 모욕적이라면 우리의 감정은 저절로 반응한다. 그렇다 면 믿고 사랑하며 바라보는 사람과의 관계에서의 장애 앞에는 얼마나 거대한 감정이 출렁일까. 사랑해서 만났고 사랑해서 결혼하여 함께 살지만 쉽게 돌아서고 헤어지는 이유는 또 무엇일까. 사랑은 어떤 관계를 맺느냐에 그 깊이가 달라진다.

살레시오 성인은 상대의 감정과 무관하게 혼자 감정적으로 뜨겁게 사랑해도 그것 역시 아름다운 사랑이라고 한다. 사랑의 씨앗이 마음에 떨어졌기 때문이다. 또한 서로 커뮤니케이션을 하지 않아도 주고받는 것이 없어도 사랑할 수 있다. 그저 사진만 보고도 영화 속 주인공을 사랑할 수 있다. 그러나 여기에는 '우정'이 없다. 만나고 이야기하면서 서로의 감정에 깨어있는 것, 이것이 우정이다. 사랑은 아름다운 선물이다. 마음에 뿌려진 씨앗이다. 뜨거운 감정이 일고 희열을 불러일으키는 씨앗이다. 그러나 이 씨앗을 자라게 하는 것은 '우정'이다. 우정은 서로에게 '책임'을 안고 있다. 우정 없는 사랑은 밝은 햇살처럼 다가왔던 사랑이 어느 순간 먹구름과 폭풍이 되어 고뇌하며 사라지고 만다. 어린왕자는 서로 길들이는 데 시간이 필요하다는 것을 깨닫는다. 그리고 소비한 시간에 대한 책임으로 '우정'을 확인한다.

사랑받고 있음을 알게 하는 '소통'이야말로 마음 안에 뿌려진 사랑의 씨앗을 경작하고 가꾸는 에너지이다. 사랑 받고 있음을 알게 해 주는 것, 이것이야말로 최상의 사랑이며 대단한 신심행위가 된다.

살레시오 성인은 사랑에는 두 가지 종류가 있음을 이야기한다.
하나는 감정에 끌려 하는 사랑(affective love)이며 또 하나는 자신과
대상에게 그 영향력을 파급시키는 역동적인 사랑(effective love)이
다. 첫 번째 사랑은 씨앗을 잉태하게 하며 두 번째 사랑은 이를 성
장하게 해 준다. 그저 감정에 끌려하는 사랑은 대상을 알아보게 하
며 희열을 느끼게 한다. 그러나 여기에 머문다면 자기만족 안에 갇
히게 될 것이다. 두 번째 사랑으로 가기 위해서는 고통과 고난을
거쳐 열리는 영적인 사랑, 바로 '우정'이 필요하다. 물과 양분을 주
면서 키워가기 위해서는 보이지 않는 영적 사랑으로 전이되어야
한다. 거기에 희망이 있다. 가장 중요한 것은 보이지 않기에 늘 열
려있다. 당장 무엇인가 해내야하는 목적수행의 관계가 아닌 넘어
지고 실패해도 보이지 않는 내일에 대한 믿음을 놓지 않는 영적
사랑이야말로 진정한 '우정'이다. 부모와 자녀간의 관계는 물론
부부간의 관계에서도 반드시 영적 우정으로 전이되어야 하는 이유
가 여기에 있다. 이것이 '사랑받고 있음을 느끼게' 해 주는 우정에
서 비롯된 사랑이다.

희망을 주는 가족정신

　어느 대축일 전야에 9시간 이상이나 고백성사를 주고 피곤에 지친 돈보스코는 숙소로 가고 있었다. 그런데 그 순간 또 한 소년이 돈보스코에게 고백성사를 청했다. 주변의 사람들은 맥이 빠져 서로를 바라보면서 이구동성으로 "애야, 그러지 말고 내일 오면 안 되겠니?" 하며 간청했다. 그러나 돈보스코는 소년에게 인자한 아버지의 미소를 지으며 "내 방에서 잠깐 기다리렴. 내가 금방 가마"라고 하셨다. 이 아이는 돈보스코의 방에서 성사를 본 후 희망과 자신감을 얻고 나왔다. 돈보스코를 아는 동시대의 교육자는 이렇게 말한다. "토리노 고톨렝고 거리 32번지, 거기에는 세상 어느 곳에서도 찾아 볼 수 없는 곳이 있다. 한 소년이 그 곳을 들어갈 때는 슬픔과 수치감이 마음속에 가득 차 있지만 나올 때는 기쁨으로 빛나게 하는 곳이다. 그곳은 바로 돈보스코의 방이다." 절망을 희망으로 바꾸고 슬픔을 기쁨으로 채워주는 신비스런 이 방의 비밀은 단 하나, 따뜻한 돈보스코의 부성애다.

　돈보스코 예방교육에 있어서 '관계'는 매우 중요하다. 사랑하고 사랑받는 진정한 관계, 조건없이 내어주는 관계, 바로 가족정신이다. 가정에서의 사랑과 자유, 참다운 기쁨은 최상의 교육이다. 마찬가지로 젊은이와 함께한다는 것은 '가족'이 되어야 함을 의미한다. 가르치기 위한 교사나 어른이 아닌 함께 나누기 위한 동료이며 친구로서 다가가야 한다. 또한 그들의 상황과 요구에 맞추어 행동해야 하는 융통성이 절대적으로 요구된다. 돈보스코는 자신이 아무리 힘들고 피곤해도 아이의 절망과 고통만큼 더 절실한 것은 없다는 것을 너무 잘 알고 있었다. 이는 곧 2차 바티칸 공의회에서 추구하는 사목정신이며 이 시대가 요구하는 관계 맺는 방식이기도하다. 돈보스코는 아이들은 점점 늘고 집은 비좁아 곤란한 처지에 있을 때도 갈 곳 없는 아이들을 결코 돌려보내지 않았다. 다락방과 계단아래 공간까지도 내어주고 심지어 자신의 침실까지 아이들에게 내주었다. 도움이 필요한 젊은이는 돈보스코에게 있어 '가족'이었다. 교육자와 피교육자의 관계가 아닌 사랑하고 사랑받고 있음을 느끼는 가족공동체다.

그래서 수백 명의 아이들이 한결같이 '돈보스코는 나를 특별히 더 사랑한다'고 느꼈다. 이것이 가능할까? 두 자녀사이에도 서로 '왜 나를 더 사랑하지 않는지'에 대하여 불평하고 시기하며 질투하는 경우가 허다하다. 그런데 어떻게 수백 명의 아이들이 각자는 모두 더 사랑받고 있다고 느낄 수 있을까? 돈보스코는 아이들이 사랑받고 있다고 느끼고 또 그 아이들이 자신을 사랑해 주기를 바랐다. 이는 자기중심적인 사랑이 아니라 바로 아이들을 위한 사명감에서 오는 친절한 사랑이다. 아이들이 사랑받고 있다고 느껴야 비로소 진정한 교육이 이루어진다는 것을 너무도 확신하였던 것이다.

돈보스코는 한 젊은이가 문제가 있어 다가오면 그 문제는 곧 자신의 것이 된다. 한 소년이 슬픔에 복받쳐 눈물을 흘리고 다가오면 아이를 품어주는 아버지가 된다. 오갈 데 없이 방황하는 아이들이 찾아오면 잃어버렸던 아들이 찾아온 것처럼 먹을 것과 쉴 곳을 내어준다. 아이들은 '가족'이 필요하다. 그러니 가족이 되어 주어야 한다. 잠깐 만나 헤어지더라도 만나는 그 순간은 가족이다. 운동장에서 거리에서 교실에서 밤거리에서도 지나치는 '젊은이'에게 관심과 사랑 어린 애정의 눈길을 보내주는 그 순간 우리는 '가족'이 된다.

나를 바꾸는 힘, 솔직

"자신에 대해 웃을 줄 아는 능력이 있는지 시험해 보십시오. 당신 자신을 웃길 수 있습니까? 솔직한 마음으로 웃을 수 있습니까? 만일 그렇다면 아마도 숨김없이 여러분 자신에게 솔직할 수 있을 것입니다"(카를로 데 암브로지오, 『돈보스코처럼 교육합시다』 참조).

우리는 타인의 어이없는 실수나 문제를 보면 쉽게 웃는다. 그러나 정작 자신의 실수와 결함에 대하여는 비관하며 낙담한다. 멋진 옷을 입고 한껏 폼을 내며 걷다가 그만 진흙탕에 넘어진다면 자신의 안위를 살피기보다 주변을 먼저 둘러보게 된다. 과연 몇 명이나 더러운 진흙탕 속에 빠진 자신을 보고 웃을 수 있겠는가?

잘 보이고 싶은 마음이 강할수록 솔직할 수 있는 '용기'는 줄어든다. 인정받고 싶은 욕구가 솔직한 감정을 억압하기 때문이다.

'용기'는 자신에 대해 웃을 수 있는 사람의 몫이다. '용기'는 명령하고 행동하는 단호함에 있기보다 인정하고 수용하는 부드러움에 있다. 가끔 우리는 외부환경 탓을 하면서 믿을 수 없다고 한숨짓지만 결국 문제는 자신에게서 시작된다는 것, 그리고 이것을 인정하는 사람은 정말 용감하다.

돈보스코는 소년들에게 무엇보다도 '자신과 하느님께 솔직'하라하면서 '그렇지 않은 사람은 마귀의 올가미'에 걸리게 된다고 경고한다. 마귀의 올가미는 다름 아닌 기쁨을 잃은 상태이다. 용기가 없으면 솔직할 수 없고 솔직하지 않으면 기쁘지 않다. 솔직해야 희망하게 되고 희망하기에 용기도 생긴다. 자신의 잘못을 알면서도 인정하지 않고 상대방과 맞대응하면서 지키는 자존심이 무슨 의미가 있을까? 어쩌면 부정적인 피드백이 '나'를 건강하게 해 주는 약이 될 수도 있다. 상황을 솔직하게 인정하고 용감하게 수용하여 지키는 자존심이야 말로 '나'를 높여준다.

행복한 감정은 명상에서 나온다

2004년 미국 과학아카데미 학회지에 뇌의 활동에 대한 연구결과가 게재되었다고 한다. 이 연구에서 오랫동안 명상을 해온 수도승에게서 좌측 전두엽의 활동이 너무 활발해 연구자들은 그를 세상에서 가장 행복한 사람이라고 불렀다는 것이다(조 디스펜자, 『꿈을 이룬 사람들의 뇌』 참조). 명상은 좋은 감정을 충전해 준다. 그렇게 해서 반복되는 감정은 생각과 마음을 길들인다. 우리는 저마다 선호하는 영화가 있고 음악이 있다. 그리고 익숙해진 것에 더 머물고 싶어 한다. 그 감정에 빠져들고 싶기 때문이다. 그러므로 자신의 감정 세계에 깨어있을 필요가 있다. 감정과 거리를 두고 거기에 솔직한 이름을 붙여주자. 우리 내면에 일고 있는 수많은 감정들에게 이름을 붙여보자. 성화나 잡지 인물의 표정을 보면서 성찰하면서 내면으로 내려가 나의 감정에 이름을 붙이는 것도 좋다.

통쾌한, 간절한, 격분한, 실망스런, 부끄러운, 암담한, 측은한, 음산한, 우울한, 어두운, 흡족한, 평안한, 의기소침한, 수줍은, 맥빠진, 뾰루퉁한, 떨떠름한, 망연자실한, 너그러운, 역겨운, 심술난, 증오스러운, 지겨운, 싫증나는, 옹졸한, 참혹한, 허탈한, 당혹스러운, 수상쩍은, 골치 아픈, 소심한, 무능한, 죄책감, 창피한, 초라한, 하찮은, 압도된, 한심한, 미안한, 난처한……

감정에는 저마다의 이름이 있지만 그렇다고 그 이름이 정확한 것은 아니다. 감정은 한 곳에 머물지만 다르게 표출되는 바닷물처럼 썰물에서 밀물로 바뀌기도 하고 낮고 높게 흐르기도 한다. 무력감, 분노와 폭력, 자책감, 체념과 절망, 실망과 고통, 불평으로 가득한 감정도 새로운 것을 건설하고 치유하며 생명을 창조하면서 삶에 대한 의미와 흥미를 불러일으켜 주는 에너지로 바뀔 수도 있다. 물론 감정은 마음대로 조절되지 않는다. 그러므로 명상하면서 뇌를 자극하고 행복한 에너지를 만들어가는 것이다. 의식적이고 적극적인 선택으로 연습되어야 한다. 기쁨을 방해하는 감정의 찌꺼기를 토해내듯 끄집어내고 그 또한 솔직하게 인정하고 수용하여 자신의 감정을 순환하여 기쁨의 에너지로 바꾸어가자.

잘못된 인내, 허영심

화가 날 때가 있다. 화 낼 뚜렷한 이유도 없이 화가 나는 '자신' 때문에 더 화가 난다. 그리고 나도 모르게 성급한 판단을 하고 불평을 늘어놓는다. 우리는 누구에게나 '나'를 드러내고 싶다. 내 존재감이 무시당했다고 생각하면 내가 왜 화를 내야 하는지 사람들에게 알리고 싶어 한다. 그래서 불평한다. 과장된 이야기를 풀어내 타인으로부터 은근히 동정과 공감을 받고 싶어 한다. 그리고 '인내'라는 멋진 간판을 나의 얼굴에 부치고 '화'를 마음 깊은 한편에 몰아넣는다. 우리는 때로는 자신이 인내하고 있다는 것과 용기 있다는 것을 보여 주기 위하여 사실을 과장되어 왜곡하여 풀어놓고 재주를 부려 자신이 얼마나 참고 있는지를 과시하려고 한다. 살레시오 성인은 이를 잘못된 인내에서 나오는 허영심이라고 한다. 인내하지 못하는 자의 특징은 불평하는 사람임을 더 강조한다. 불평은 자기사랑에서 나오는데 이런 병리적 자기애는 자신이 옳고 선하다는 것 그리고 정당하다는 것을 과신한다. 그래서 위로받고 싶고 보상받고 싶어 자신의 고통을 불평으로 호소한다. 살레시오 성인은 이런 사람들은 마음의 고요를 잃게 되고 격분에 흔들려 불편한 가시를 빼려고 하지만 오히려 발바닥에 깊게 찔러 넣는 고통을 겪게 된다고 한다.

인간인 우리는 누구나 어느 정도의 나르시시즘에 빠져있기에 자기방어기제인 불평을 하게 한다. 불평은 고통을 참아내지 못하고 남의 동정을 얻어내어 자신이 정당하다고 말하고 싶은 호소이다. 그러나 그 불평이 결코 부당함을 정당함으로 돌리지 못하며 가시를 뽑아내지도 못한다. 오히려 '독'이 되어 더 큰 고통을 품고 살아가게 한다.

많은 사람들이 이렇게 말한다. "어느 정도 불편하지 않다면 난 고통을 참아낼 수 있어." "가난하다고 하여도 어느 정도 먹고 살 수 있고 아이들을 교육하면서 내 자존심을 지킬 수 있는 정도라면 괜찮다고 생각해." "병은 참을 수 있겠는데 의사에게 진찰 받을 수 없는 처지가 참을 수 없는 고통이야." 살레시오는 이런 사람들은 고통을 떼어놓고 명예만 가져가려고 하는 사람이라고 한다. 인정받고 싶은 명예만을 소유한다면 나머지는 참아낼 수 있다는 것이다. 그래서 악인이라고 여기는 사람에게 멸시받고 모욕을 받는 것은 오히려 자랑스럽게 여기지만 믿는 사람에게 당한 것을 참아내기란 정말로 어렵다. 똑같은 멸시와 모욕이지만 누구에게 받느냐에 따라 '인내'의 창은 다르게 열린다. 그런데 살레시오는 진정한 인내는 악인에게 받는 모욕을 명예롭게 참기보다 선한 이로부터 오는 참기 어려운 굴욕을 견뎌내는 것이 진정한 인내의 덕이라는 것이다. 그러니까 내가 믿고 신뢰하는 사람에게 오는 상처를 감수하는 것이 진정한 인내가 된다.

> "꿀벌은 꿀을 만드는 동안에는 매우 쓴 것을 먹는다. 또한 백리향이라는 작고 쓴 꽃에서 나온 꿀이 가장 달다고 한다. 인내란 바로 쓰디쓴 빵을 먹으면서 드러나는 달콤한 덕행이다."
>
> – 성프란치스코 살레시오

꿀벌은 꿀을 만드는 동안에는 매우 쓴 것을 먹는다. 재미있게도 쓰디쓴 작은 백리향에서 나온 꿀이 가장 달다고 한다. 그러니 쓴 것을 제치기보다 끌어안고 품어야만 달콤함이 내안에 체화될 수 있다. 틱낫한 스님은 '화'는 '아기'라고 표현했다. 아기처럼 잘 달래고 품어주어야 한다. 화가 났을 때 화가 나지 않은 척 해서는 안 된다. 고통스러운데 고통스럽지 않은 척해서도 안 된다는 말이다. 소중한 사람에게는 더욱 그러하다. 화가 나있다는 것을 고백하고 차분하고 침착하게 화를 다루자. '화가 난 사람은 입을 열고 눈을 감는다'는 영국속담처럼 입을 열어 불평하게 되면 주변을 보지 못해 마음까지 닫게 되니 결국 '나'를 다치게 한다. 인정하고 싶지 않지만 결국 이 모든 일그러진 감정들이 다 '나의 것'이니 인내할 수밖에 없다. 살레시오는 인내하면 할수록 자신을 완전하게 소유하게 된다고 한다. 분노와 불평과 화의 감정들을 진심으로 끌어안고 보듬어주면서 사랑할 때 비로소 인내할 수 있고 그때야 비로소 나는 나 자신의 주인이 된다.

나를 바꾸는 힘, 솔직

감정일기 쓰기

　평화롭고 아늑한 분위기를 만드세요. 좋지 않은 감정을 불러일으킨 최근의 사건을 떠올려봅니다. 정성이 담긴 예쁜 카드를 준비하여 시작 글에 "어느 날이었지……"라는 글을 미리 써놓습니다. 마음을 비우고 명상에 빠지도록 노력합니다. 몸을 일단 침묵에 잠기도록 합니다. 몸이 불편하면 마음속이 시끄럽습니다. 그러니 최대한 편한 자세로 취하고 다른 생각들은 잠시 제쳐놓고 오로지 상처받은 내면의 감정에 온전히 관심을 기울입니다. 사건이 명확하게 떠오른다 싶으면 차분하게 적으십시오.

　혹시 그룹작업을 한다면 서로를 배려하고 마음을 열 수 있는 작업을 먼저 하고 감정일기를 쓰도록 하십시오. 감정일기 앞면에 자신만 알 수 있는 표시를 하고 고이 접은 후 다른 그룹원들과 바꿉니다. 그리고 감정일기를 받은 다른 사람이 편지를 쓴 사람의 감정 속에 들어가 충분히 공감할 수 있도록 마음을 비우는 준비를 해 줍니다. 단 몇 줄의 글이지만 그 속에 담긴 사람의 상처에 공감해 주면서 기도합니다. 이 힘든 감정에 희망과 사랑, 포근함과 아늑함, 활기차고 빛나는 기쁨의 날개를 달아주어 최고로 만들어주는 에너지를 불어넣어 줍시다.

아이들이 쓴 감정일기를 볼까요.

어느 날이었지……　예) 난 나의 약점을 인식했다. 난 법적으로 엄마가 없다. 4살때인가. 부모님은 유난히도 서로 증오하며 싸우셨고 결국은 법의 심판아래 남남이 되고 만 것이다. 난 할머니의 손에서 크면서 엄마 없는 설움은 적었지만 지금 생각해 보면 자식의 앞날이 자신들보다 못하다고 판단한 부모님에 대한 증오심과 섭섭함을 느낀다. 하지만 부모가 자식을 위해 희생할 필요는 없다고 생각하면서 이해히고 싶다.　이철수(가명, 중2)

답변은 어떠할까요?

내 생각은요……　남모르는 아픔을 가지고 있네요. 자신이 그렇게 힘들면서도 부모님을 이해하려는 님이 참 존경스럽습니다. 지금까지 하셨던 것처럼 꿋꿋이 잘 이겨낼 수 있으리라 믿습니다. 할머님께도 효도하시기 바랍니다. 예수님께 온 가족 모두가 행복할 수 있기를 기도할게요. 기도하다 보면 마음이 따뜻해지고 희망이 보일 겁니다. 힘내세요! － 김순이(가명, 중2)

2. 기쁨은 사랑의 표현

'재미'로 잃어버린 '의미'

"욕실에 들어서면 헬스 스캐너가 내 몸의 건강상태를 주치의 병원 서버로 데이터를 전송하여 건강을 지켜 줍니다. 가족들은 거실에 모여 디지털 TV로 여행 스케줄을 확인, 예약을 하고 이야기꽃을 피웁니다……"(디지털 희로애락, LG 홍보).

세상은 언제 어디서나 존재하는 네트워크에 접속하여 어디에나 존재하는 유비쿼터스 세상을 즐기라고 한다. 테크놀로지와 인간의 감각과 느낌 감성의 융합이 이루어졌으니 새로운 형태의 삶의 패턴을 맘껏 누리며 살라는 것이다. 사랑을 하되 아파하지 말고 기다리지도 말고 그저 단추만 누르면 된다. 고통과 슬픔에서 '의미'를 찾으려 말고 즐겁게 누리면서 '재미'를 찾아라. 그러나 우리는 진정한 '기쁨'을 원한다. 그러려면 '의미'에 깨어 있어야 한다.

"인간의 의미 추구는 삶의 가장 큰 동기다. 이 의미는 오직 그 자신만이 충족시킬 수 있고, 자신이 충족시켜야만 된다는 점에서 특별하다. 오직 그 때에만 의미는 의미를 향한 그 자신의 의지를

　게임이나 인터넷서핑 그리고 드라마나 스포츠는 우리를 '재미' 천국으로 안내한다. 점점 우리에게 있어 '의미'는 '재미'에 의존한다. 일단 '재미'가 없으면 소통에 실패하는 경우가 많다. 그러다보니 '재미'없는 것은 이해되지도 않는다. 인내할 수도 없고 집중도 할 수 없다. 이제는 더 이상 '재미'없이는 '의미'도 말해서는 안 될 것 같다. 어쩌면 우리는 '재미'라는 감정에 중독되어 가는지도 모른다. 감정은 좋은 것이다. 그러나 헤로인에 중독되어 그 느낌과 감정을 위한 탐색이 계속되면 최면에 걸리듯 그렇게 살아간다. 우리는 최면에 걸려 사는지도 모르겠다. 사실 우리는 찰나적인 즐거움과 육체적인 외모나 아름다움에 빠져 있다. 모두 환상이다. 결국 그런 것에 굴복해 내면에 있는 아름다운 본성과 충만한 지혜에 대하여 눈길을 주지 못한다. 영적감흥을 주는 의미가 없는 곳에는 진정한 기쁨은 존재하지 않는다. 순간 '재미'가 기쁨이라고 느낄지 몰라도 거듭될수록 기쁨이 없는 '재미' 속에서 헤어날 수 없는 황망함에 빠져들기도 한다. 진정한 기쁨의 감정은 절망 속에서도 희망을 잃지 않고 평안과 고요함을 주는 사랑의 보약이다. 『프레임』에서 심리학자 최인철 교수는 '부모가 자녀에게 의미중심의 세상을 볼 수 있도록 교육을 하였다면 험난한 세상을 이겨나갈 수 있는 훌륭한 유산을 물려주었으므로 엄청난 유산을 남겨준 것보다 더 가치

있는 일'이라고 말한다. 또한 아이슈타인(Albert Einstein)은 "자신의 삶을 무의미한 것으로 보는 사람은 단순히 불행할 뿐만 아니라 삶에 거의 적응을 하지 못한다"고 한다. 기쁨은 험난한 세상을 헤쳐 가는 과정에 있다. 기쁨은 불행한 강을 건너 삶의 의미를 찾으며 적응하는 사람들의 몫이다.

재미도 기쁨?

아이들이 무언가 흥미를 느낄 때 '왜?'라고 물으면 대부분 반사적으로 '재미있잖아요'라고 답한다. 그리고 무엇인가 선택할 때 잘 모르면 '재미있나요?'라고 묻는다. 어쩌면 '재미'라는 코드는 재미 이상의 의미를 지니고 있는지도 모른다. 그러나 '재미'와 '기쁨'은 차이가 있다.

물론 '재미(fun)'는 결코 나쁜 것이 아니다. '재미'도 일종의 즐거움이며 기쁨이다. 그러나 진실한 감정에서 우러나는 '기쁨'과는 구별될 수 있다. '재미'는 하여야만 하는 의무를 외면하고 '하고 싶은 것'을 하면서도 누릴 수 있다. '재미'는 만나야할 사람보다는 만나고 싶은, 그래서 집단의 가치보다는 나의 가치를 우선시 하면서도 가능하다. 하지만 책임 없는 자유와 의무 없는 선택을 하면서 즐기는 '재미'는 결코 스마일정신에서 '기쁨'이라고 표현하지 않는다.

긍정심리학자인 마틴 셀리그만은 '쾌락'과 '만족'은 다르다고

102

한다. 쾌락은 감각적이며 원초적 감정으로 드러나지만 만족은 자신이 하는 일에 몰입하여 얻어내는 성취감으로 쾌감보다 오래 지속된다고 한다. 만족은 사고과정이 동반되면서 잠재성을 계발하여 강점을 성장케 한다. 재미의 감정이 쾌감이라면 기쁨은 주어진 책임에 몰입하여 얻어내는 만족에서 온다. 또한 기쁨은 영혼의 평안함에서 솟는 에너지이다. "오래참고 친절하고 모든 것을 믿고 바라며 견뎌"(1코린 13,4-7 참조) 내야 비로소 얻어낼 수 있는 선물이다. '기쁨'은 한겨울을 견뎌내며 조용히 묻혀 있다가 따스한 봄빛에 깨어나는 인고의 과정을 거친다.

스마일정신은 '친절한 사랑'으로서 상황을 식별하며 '의미'를 찾는 적극적이고 자발적인 감성능력이다. 이 감성(sensibility)은 세상과 인간을 이어주는 '의미'를 구하고 기억하는 작용을 한다. 그러므로 '의미'없는 '재미'는 스마일영성에서 추구하는 '기쁨'과는 구별된다.

책임과 의무가 없는 곳에 기쁨도 없다

인성수련 첫 날, 수련교사들은 초등 5학년들의 반란에 곤혹스러워한다.

"수련 들어오는 날이면 의례적으로 핸드폰이나 게임기를 걷지요. 그래서 아이들에게 핸드폰을 나에게 맡기라고 했더니 '무엇을

믿고 맡기냐’며 당당하게 따지는 거예요. 별안간 다른 아이들도 동
조하는 듯 하더니 자기들도 맡길 수 없다고 하는데 너무 당황스러
웠어요.”

“그것뿐이 아니에요. 어떤 아이는 돈 천 원을 잃어버리고 나에게
와서 여기서 잃었으니 물어달라는 거예요. 너무 황당하지 않아요.”

“어떤 아이는 ‘축구공 때문에 아이들이 싸우니 공을 뺏으라’며
고래고래 소리치는데 어이가 없더라고요.”

하루 만에 일어난 일들이다. 아마도 수련교사들은 초등 5학년이
무섭다고 말하고 싶은지도 모르겠다. 자신들을 신뢰하지 못하고
반항하는 아이, 자신의 책임을 모르는 아이, 축구공 때문에 싸운
것이 아니라 서로 양보하지 못하기에 일어난 싸움이라는 것을 인
정하지 않는 아이. 귀엽고 순수한 초딩들은 다 어디 갔냐고 말하고
싶은지도 모르겠다.

아이들은 분명 변하고 있다. 세상은 살기는 더 좋아졌는지 몰
라도 좋은 세상에서 사는 아이들은 그만큼 더 행복하고 즐겁지
않은 것 같다. 살기가 편하다고 하여 행복하다는 것을 의미하지
않는다는 것을 우리는 잘 안다. 아니 오히려 편할수록 불편은 더
한 것 같다.

사회학자인 더글러스 러시코프는 『카오스의 아이들』에서 오늘
날 우리는 ‘불편을 없애려고 노력하는 가운데 오히려 우리를 더

허약하게 만들어 놓았다'고 말한다. 그러면서 '벌레를 죽이는 화학물질을 사용하는 농경방식은 농약에 의존하는 허약한 농작물과 더 강력한 해충들을 만들어냈다'고 역설한다. 경제와 실용이 최고의 가치가 되어버린 오늘날 우리는 불편 없는 교육환경에서 '불편한 교육'을 하고 있다. 그래서 아이들이 지닌 좋은 토양을 강화시키는 교육은 더디기만 하다. 과도하게 충격을 주어 찰나적으로 멋지게 드러내는 '결과중심'주의는 화학물질을 사용하는 농경방식과 같은 교육을 하게 된다. 약간의 부작용과 조금이라도 꿈틀거리며 올라오는 풀들은 여지없이 잘려나간다. 그러다보니 면역성이 강해져 더 무서운 부작용이 일게 된다. 작고 사소한 불편과 시련에도 금세 의욕을 잃거나 짊어져야 할 책임과 의무는 부당하고 억울하다.

행복하기에 기쁜 것이 아니라 기쁘기에 행복하다

늘 밝고 환한 미소로 살아가는 사람은 보기도 좋고 가까이 하고 싶다. 어떤 이는 이런 사람은 행복할만한 조건을 갖추고 있으니 그럴 수밖에 없다고 말한다. 그러면서 자신은 행복할만한 조건이 안 되기 때문에 그렇게 살 수 없다는 것이다.

그러나 우리는 행복하기에 기쁘기보다 기쁘기에 행복하다. 행복이란 소유할 수 있는 것이 아니라 바람처럼 스쳐지나간다. 오늘은 저 사람에게 그리고 내일은 나에게 그렇게 스치고 지나가는 바람이나 향기와 같다. 잡을 수는 없지만 기억할 수 있어 행복하다.

기쁨은 화살처럼 지나가는 짧은 순간의 행복을 기억하게 하고 또 믿고 바라게 해 주는 특별한 마법을 지니고 있다. 지나갔으니 떠난 것이 아니라고 믿기에 기쁘다. 그래서 행복하다.

KBS 특별기획으로 방영된 〈마음〉이라는 다큐멘터리에서 사노 규시 박사는 '마음'은 '뇌'에 있다고 하였다. 그는 "신경은 생존하기 위하여 생겼고 마음은 생명을 지키며 진화하는 과정에 생겼기에 신경이 있는 모든 생물은 마음이 있다"고 말한다. 그래서 학자들은 행복해지고 싶으면 '마음'을 다스리라고 한다.

마음은 허공에 떠 다니는 꿈이 아니라 매 순간 내 존재를 온전히 움직이게 하는 살아있는 생명이다. 생각은 느끼게 하고 느낌은 또 생각하게 해 주며 결국 행동으로까지 순환하게 된다. 성프란치스코 살레시오는 "마음은 모든 행위의 원천"이라고 했다. 고대의 사막 영성은 사람들을 세상 밖으로 불러내어 고행과 단식과 참회를 통하여 예수님과의 일치를 끌어내었다. 그러나 살레시오 성인에게 있어서 영적성숙의 장소는 세상 밖의 사막이 아닌 세상 중심에 서 있는 나의 '마음'이다. 그래서 매일같이 다양한 기도문을 열심히 바치고 나서 불쾌하고 거만하게 모욕적인 말들을 내뱉는다면 무슨 의미가 있겠냐고 성인은 반문한다. 기도는 '마음'에서 '행위'로 이어지고 '기쁨'의 표지로 드러나야 한다. 기쁨은 하느님 현존의 생생한 표현이기 때문이다.

'기쁨'은 배우고 익혀야 한다

인간의 감정을 고루 섞어내면 무엇이 나올까? 기쁨과 즐거움, 고통과 슬픔, 분노와 회한 등을 한 자리에 모은다면 무엇이 될까? 온몸을 감동으로 채우고 머릿속을 수많은 전등으로 밝혀주는 에너지, 바로 '기쁨'이라고 믿고 싶다.

'기쁨'도 배우고 익혀야 한다. 기쁨은 어느 날 우연히 찾아오는 것이 아니다. 물론 기쁨은 나의 의지와는 무관하게 찾아왔다가 떠난다. 그렇다고 그렇게 주어지는 상황에 맡기기에는 '기쁨'이 너무 소중하다.

우리는 태어나면서부터 본능적으로 배우고 익히려 한다. 부모는 자식에게 배움을 강요하기도 하고 억압하기도 한다. 이는 학식과 지성을 키워 지능을 개발시키고 세상에서 행복하게 살게 해 주고 싶은 욕망이다. 우리의 뇌는 지성을 관장하는 신경계와 감성을 관장하는 신경계가 있는데 이 둘은 서로 긴밀하게 얽혀 있다. 사고와 감정이 분리되어 작용하는 것은 아니다. 오히려 감정이 지능을 지배한다는 것을 기억해야 한다. 위험과 고통에 처할 때 즉각적인 반응을 돕는 것도 감정이며 위기상황을 관장하여 생각하고 행동하도록 명령하기도 한다.

즐거우면 만사가 잘되는 것 같다. 그러나 우울하면 모든 것이

귀찮다. 그러면서 '기쁨'은 맘대로 얻어지는 것이 아니라고 단정한다. 기쁘고 행복한 사람을 보면 저의 '복'이려니 하며 관망한다. "저 사람은 마음이 편한가봐", "참 속도 좋아", "내 처지만 되어봐라. 그렇게 웃음이 쉽게 나오겠어" 하며 한탄한다. 각자 지닌 고통의 무게를 저울에 재고 누구의 고통이 더 큰지 확인해 볼 수도 없다. 그렇다고 어느 정도의 조건이면 기쁨을 누릴 수 있는지 재어볼 수도 없는 노릇이다. 중요한 것은 재산을 벌어 부자로 살아가는 것도 능력이라면 기쁨의 감정을 풍요롭게 채워가는 사람은 더욱 대단한 능력을 지닌 사람이다. 어려서부터 기쁨의 감정을 배우고 익히면서 자신의 인격을 쌓아 온 사람이라면 사고에도 유연하고 중요한 자질과 덕목도 지녔다고 할 수 있다.

'기쁨은 충만한 삶의 표현'(아리스토텔레스)이며 생명과 사랑을 창조하는 에너지이다. 기쁘게 사는 사람은 정신적 활력이 되고 주변에 놀라운 영향을 준다. 돈보스코는 아이들에게 '기쁨이 넘치는 분위기'를 창출해내기 위하여 많은 이벤트를 마련한다. 기쁨은 평화를 깃들게 해 주며 잠들어있는 가능성을 일깨워주는 에너지다. 젊은이들에게 있어서 기쁨의 정신은 모든 교육적 가능성을 열어준다. 가장 어린 성인으로서 15세에 세상을 떠난 돈보스코의 제자 도미니코 사비오는 친구에게 이런 말을 하였다. "여기서 우리가 돈보스코와 함께 닦고 있는 성덕은 아주 기쁘게 사는 것이야." 사비오는 '성인(聖人)'이 되는 길은 '기쁘게' 사는 것이라는 돈보스코의 가르침을 잘 이해하였던 것이다.

– 돈보스코

기쁘게 사는 사람은 죄를 지을 수 없다. 죄와 기쁨은 함께 가지 않기 때문이다. 돈보스코가 말하는 '죄'는 사회적인 범죄만을 이야기하는 것이 아니다. 여기에서의 죄는 책임과 의무에서 벗어난 '게으름'이며 '도피'이기도 하다.

베짱이의 기쁨을 찾아라!

우리는 어렸을 적 개미는 땀을 뻘뻘 흘리며 일하니 겨울 내내 배두들기며 행복하게 살았고 베짱이는 '노세, 노세' 하며 노래하고 춤추며 시간을 허비해서 비렁뱅이가 되었다는 이야기를 수도 없이 들었다. 그래서 열심히 일하는 사람은 모범생이고 노는 것을 좋아하는 사람은 '날라리'라고 비하하기도 한다. 개미는 일한만큼 돈을 벌 것이고 베짱이는 노는 만큼 돈을 소비할 것이라는 의미와도 상통한다. 그러나 오늘날 개미보다는 베짱이에게 더 주목한다. 창의력과 감성능력이 뛰어나 잘만하면 엄청난 돈을 벌 수 있다는 것이다.

게다가 자기가 좋아하는 일에 몰입할 수 있어 행복지수도 높게 나온다. 놀면서 돈도 벌고 놀면서 건강하고, 몰입하니 행복하고. 이거야말로 정말 대단하지 않은가.

그러나 오늘날, 또 다른 놀이가 생겨났다. 하루 종일 놀고 또 놀아도 더 놀고 싶은 놀이. 컴퓨터게임이다. 이 놀이는 즐겁다 못해 하지 않으면 안 되는 금단현상이 일어나고 결국 '중독'에까지 이르기도 한다. 일상을 잃게 하는 것이 '중독'이다. 중독은 거의 강박적으로 한 가지에 매달려 반복하는 행위이다. 중독은 뇌의 쾌감회로를 자극하여 스스로 조절할 수 있는 능력을 상실케 한다. 액션게임을 하면서 상대를 총으로 싸대고 살 조각이 터져나가고 핏물이 튀기는 상황에 흥분한다. 발로 밟아 터뜨리기도 하고 몰려드는 적을 닥치는 대로 쏴 죽이면서 쾌감을 느낀다. 왜 싸워야 하는 것일까? 아이들의 답은 간단하다. "재미있잖아요." '재미'라는 감정도 결국 반복되는 일상의 경험에서 비롯된 학습의 결과다. 이렇게 수없이 반복되는 과정에서 '감정'은 길들여지고 그 감정으로 사고하면서 현실과 통교한다. 돈보스코 예방교육은 바로 이 통교의 과정에 개입된다. 인터넷게임은 그 어떤 매체보다도 강력한 의사소통을 이뤄낸다. 이 소통의 기술은 가족과 공동체의 의미도 완전히 달리 해석하게 해 주며 기대와 가치 그리고 자아에 대한 감각도 바꾸어 놓는다. 인터넷게임은 단순히 행위의 문제가 아니라 개개인의 정체성에 관한 질문이며 생명의 존엄성에 대한 본질적인 문제이다.

인터넷게임은 베짱이의 놀이정신이 없다. 한경애의 『놀이의 달인, 호모루덴스』에서 게임은 놀이가 아니고 '일'이라고 말한다.

"게임의 문제는 단지 노동이 지배하는 현실의 규칙을 그대로 따랐다는 것뿐이다. 돈을 모으는 만큼 넌 강해지고 행복해질 것이니 빼앗고, 가지고, 모아라. 그러나 아무리 가져도 만족할 수 없으며, 성을 빼앗은 사람은 이제 그것을 지키기 위해 밤을 새운다. 〔…〕 이것은 놀이가 아니다. 모니터 안에 만들어진 것은 놀이가 추방된 또 다른 세계다. 우리들은 그 세계에 집착하고 아이템을 모으고, 자기를 지키기 위해 전전긍긍하면서, 놀랍게도 그것이 놀이라고 착각한다. 모으고 가지고 집착하는 삶의 규칙은 어느새 놀이마저 전쟁으로 만들었다."

베짱이처럼 놀아야 한다. 온몸으로 놀면서 나도 너도 즐겁게 하는 놀이 속에서 '기쁨'을 누리자. 돈보스코는 늘 새로운 이벤트를 마련하여 아이들과 함께 놀았다. 놀이에서 함께할 줄 아는 정신을 키우고 인생을 배우면서 자신을 알도록 하였다. 놀면서 인생을 학습하는 '놀이'는 긍정적인 새로운 기쁨을 누리는 장이 된다.

■ 돈보스코가 아이들과 함께 즐겼던 놀이들

＊ 함께 뛰기 – 규칙이 있는 놀이
심리학자인 피아제(Piaget)는 놀이는 아이가 세상을 이해하고

인지발달에 도움을 준다고 한다. 놀이는 세상을 살아가는 데 있어서 중요한 사회성과 도덕성발달에 매우 중요한 교육의 장이다. 돈보스코는 아이들에게 뛰고 달리고 맘껏 놀 수 있는 자유를 주되 다만 놀이에 참여하는 이들 사이에서의 규칙에 주의하라고 당부한다. 운동장은 모든 교육의 진단과 수단이다. 아이들의 건강과 인간관계를 성장시키며 인정받고픈 욕구를 채워줄 수 있고 친구들과의 우정을 키울 수 있는 있는 터전이다. 돈보스코의 예방교육은 사실 교실보다는 운동장에서 비롯된다. 돈보스코는 사제의 수단자락을 펄럭이며 아이들처럼 뛰어놀기도 하고 구석구석을 누비며 홀로 있는 아이들에게 개별적으로 다가가 귓속말로 이야기도 했으며 고해성사로 인도하기도 했다.

＊ 인생의 무대 – 연극

연극역시 기쁨과 즐거운 생활을 이어가게 하는 중요한 교육의 장이 된다. 돈보스코는 연극공연은 청소년들이 공동체의 규범과 도덕성을 성장시키는 효과적인 교육적 수단임을 믿었다. 돈보스코는 아이들의 교육을 위하여 극장을 열기도 했다. 공동체 안에서 자주 연극 활동을 하면서 즐거운 분위기를 만들었고 예술적 감각도 성장시켜 주었다. 또한 연극을 통하여 많은 교육적이고 철학적인 가치를 넣어 주었다.

＊ 영혼과의 대화 – 음악

돈보스코는 "음악이 없는 오라토리오는 영혼이 없는 육체"라고 말했다. 음악을 통해 공동체 안에서 친밀한 관계를 유지하고 종교 예식을 통하여 종교심도 불어넣어 준다. 돈보스코는 직접 성가와 전례음악을 가르치기도 했으며 아이들과 함께 악단을 만들어 거리를 누비기도 했다. 돈보스코의 합창단은 여기저기서 초대를 받을 정도로 유명하였다.

✻ 창조적 기쁨의 이벤트 – 소풍

돈보스코는 각 공동체에게 정기적인 소풍을 권할 정도로 젊은이들과 함께하는 교육공동체에서는 소풍이 중요한 교육적 의미가 있다. 돈보스코는 100여 명의 아이들과 함께 음악을 연주하며 행군하면서 소풍을 나가기도 했다. 아이들에게 즐거움과 기쁨을 주기 위하여 다양한 이벤트를 마련해 주고 부정적인 감정에 빠져들지 않게 하였던 것이다(A. 파남파라, 『예방교육과 상담』 참조).

유명한 사립초등학교의 1 · 2학년 어린이들이 인성수련을 들어왔다. 그런데 이상하게 아이들이 그 학년에 비하여 키가 작아 보였다. 한 선생님이 "이 아이들은 보통 9시 10시까지 사교육을 받는데 스트레스가 많아서 키도 크지 않나봅니다"라고 말한다. 기절할 노릇 아닌가. 초등 1 · 2학년이면 얼마나 놀고 싶을 때인가. 놀아도 또 놀아도 질리지 않게 놀아야하는 시기에 밤늦게까지 학원이라니. 놀아야 한다. 아이들의 일상이 '축제'가 되어 베짱이처럼 놀아야 한다. 스포츠와 놀이, 연극과 음악 그리고 소풍과 캠프를 하면서 아이들이 최대한 기쁘고 즐겁게 지낼 수 있도록 하여야 한다. 그리고 부모나 교사는 아이들이 좋아하는 것이라면 함께 좋아하고 함께 즐겨야 한다. 돈보스코를 따르는 살레시오 교육자들은 말한다. "아이들 앞에서 망가지는 것을 두려워하지 않을 때 비로소 아이들의 마음을 얻게 됩니다."

눈을 떠, 바꿔 생각해 봐!

수많은 사람들이 '긍정'으로 세상을 바꿀 수 있다고 말한다. 경제학자도 교육학자도 심리학자도……. 최근에는 마틴 셀리그만의 '긍정심리학'에 관심이 쏠리면서 폭발적인 인기를 얻고있다. CEO들은 저마다 경영의 원리나 스포츠 역시 성공하려면 긍정과 낙관 없이는 불가능하다고 말한다. 영성가이며 사제인 안셀름 그륀은 기쁨은 삶을 새롭게 하는 힘의 원천이며 에너지를 일깨워주고 창의성을 불러일으키는 하느님의 선물이라고 한다.

유전병리학자인 데이비드 스노우든(David Snowdon)이 수녀 700여 명을 대상으로 긍정적인 감정과 신체건강에 대한 상관관계에 대하여 연구하였다고 한다(짐로허 · 토니슈워츠, 『몰입에너지』 참조). 20대 초반 수녀회에 입회할 때 작성한 수녀들의 소개서를 분석하였는데 그 결과 입회할 당시 희망과 감사 그리고 사랑과 만족이 가득 찬 수녀들은 그렇지 않은 수녀들보다 더 건강하게 오래 살았다고 한다.

또한 부정적인 감정에서도 가장 최악인 좌절과 절망감이 알츠하이머병을 일으킬 가능성이 그 2배라는 연구결과를 내놓기도 하였다.

　이런 대단한 연구결과가 아니라 할지라도, 부정적인 감정은 스스로에게 걸림돌이 된다는 것을 우리는 잘 알고 있다. 우린 저마다 즐거움, 행복, 만족과 사랑을 안고 살고 싶다. 그럼에도 불구하고 그렇게 살기 위하여 얼마나 노력하는가는 의문이다. 어쩌다 성격 좋게 태어나 낙관적이고, 부모님이 주신 재산이 많아 걱정 없고, 배우자 잘 만나 행복한 것이 당연할 뿐이다. 부정적인 감정은 내가 만든 것이 아니라 환경에 의하여 그렇게 된 것이라고 생각하는 사람도 많다. 하지만 과연 얼마나 많은 사람이 아침에 일어나 '오늘은 어떻게 하면 조금 더 기쁘게 살까' 생각하면서 계획을 세울까. 긍정적인 감정의 에너지를 충전하기 위하여 어떤 수고와 대가를 지불해야겠노라고 결심하는 사람은 몇이나 될까. 사람은 생각하는 대로 살지 않으면 사는 대로 생각한다는 말이 있다. 행복하기 위해서는 '생각'해야 하고 '실천'해야 하며 '선택'하여야 한다. 생각도 그냥 생각이 아니라 '바꾸어' 생각해야 한다. 긍정성은 판단 없이 있는 그대로 바라보는 것이다. 주어진 현실이 바뀌는 것은 아니다. 다만 나의 생각이 바뀔 뿐이다. 부모님이 가난하고 배우자가 능력이 없어 변변한 집한 채 없는 현실이 별안간 뒤바뀌지 않는다. 다만 바꿔 생각할 수 있고 그리고 그 생각대로 살아갈 수 있다. 거기서부터 새로운 세상은 열린다.

기쁨(Smile)은 사랑의 표현

친절한 사랑은 '기쁨(Smile)'으로 드러나며 사랑과 희망의 표지가 된다. 하느님은 우리의 '죄'보다는 '마음'에 다가오시기에 우리는 '죄'보다는 '은총'에 기댄다. 하느님은 모든 것을 좋게 작용하심을 믿기에 시련과 고통 중에도 우리의 마음은 평화를 누릴 수 있다. 그러므로 젊은이들과 함께 살아가는 예방교육영성 속에 든 유리잔은 언제나 반은 차 있다. 다만 나머지 반은 우리가 채워야 한다. 살레시오 성인은 "근심과 걱정을 버려라. 하느님께서는 오늘 우리를 돌보고 계신다면, 물론 내일도 돌보실 것이다. 어려운 일이 닥치면 견뎌낼 힘도 주실 것임을 믿는다"고 했다. 돈보스코는 젊은이들에게 '죄가 아니라면 무엇이든지 즐기고 최대한 기쁘게 살 것'을 권고하였다. 그래서 젊은이들과 함께하는 살레시오 영성에 있어서의 '기쁨'은 무엇보다 중요하다. 특히 젊은이들과 함께 살아가는 교육자는 우울해서는 안 된다. 심지어 돈보스코는 아이들 앞에서 그 어떤 분노의 표정도 짓지 말라고 한다. 기쁨은 진리를 밝혀주는 에너지이며 진실한 감정을 일깨워주면서 '친절한 사랑'으로 드러난다.

돈보스코는 기쁨의 정신이 성공적인 교육을 위한 필수적인 요소로 여겼다. 그는 신학교 시절에 '명랑회'를 조직하기도 하였다. 돈보스코는 자주 '아이들에게 맘껏 뛰고, 달리고, 소리 지를 자유'를 주어야 한다고 강조한다. 아브라함 파남파라는 "교육적 감각이 탁월한 돈보스코는 슬픔과 우울함이 영혼을 질식시키고 일상의 의욕을 잃게 만들어 잠재적인 재능까지도 성장하지 못하게 한다는 것을 너무도 잘 알기에 '기쁨'을 강조하고 또 강조"했다고 한다.

놀 줄 아는 사람은 기뻐할 줄 안다. 기뻐할 줄 아는 사람은 사랑할 줄도 안다. 그러므로 놀이는 기쁘게 살기위한 필수적인 수단이 된다.

"기쁨은 하느님을 많이 사랑한다는 것을 드러내는 것이다."

– 성마리아 마자렐로

생각을 바꾸는 힘, 긍정

아주 특별한 공모전

- 불평을 마음껏 할 수 있는 불평문 공모전을 합시다.

솔직하게 있는 그대로를 맘껏 불평하되 터무니없는 욕설이나 비속어는 자제해야겠지요. 자, 시작할까요. 평소에 기억하고 싶지 않은 기분 나쁜 사건이나 상황을 떠올려 봅니다. 그래서 짜증과 울분을 담은 불평문을 적습니다. 서로 불평문을 발표할 수도 있겠지요.

- 부정문을 긍정문으로 바꾼다면 어떻게 될까요?

다 완성한 자신의 불평문을 천천히 읽습니다. 그리고 바꿀 수 없는 상황과 사건에 줄을 긋습니다. 누군가 나의 차를 박았다거나 남편의 월급이 너무 적다든지 자신의 키가 작다든지 하는 것들은 어쩔 도리가 없는 현실이지요. 여기에서 비롯된 부차적인 것들, 나의 차를 박은 사람에게 목덜미를 잡고 욕을 퍼부었거나, 남편에게 잔소리를 해대었든지 키 작은 콤플렉스로 기분 나쁜 상황이 벌어지는 것들에는 다른 색으로 줄을 긋습니다. 그리고 어쩔 도리가 없는 현실에서 비롯된 나의 곱지 않은 시선, 나에게 오는 원한과 공격들에 대하여 한번 바꿔 생각하면서 다른 이야기를 써봅니다. 즉 긍정문을 써보는 겁니다.

어때요. 바꿔 생각하니 세상이 달라 보이나요? 어쩌면 바꿨다기보다 자신의 판단과 편견을 제거하였는지도 모릅니다. '있는 그대로' 보게 된 것이지요.

❖ 마틴 셀리그만의 행복지수를 높일 수 있는 24가지의 강점

　호기심, 학습욕구, 판단력, 창의성, 인간관계 능력, 통찰력, 용기, 성실, 정직, 친절, 인간에 대한 애정, 시민의식, 공정성, 리더십, 자기통제력, 신중함, 겸손, 심미안, 감사, 희망, 믿음, 용서, 유머, 열정

3. 친절한 사랑의 현존

교육은 '마음'이 하는 일

아이가 나를 거부하는 순간 아주 잠깐 솔직하게 나의 내면을 들여다보면 결국 내가 그 아이를 거부했다는 것을 발견하게 된다. 도대체 희망이란 없을 것 같은 아이가 있었다. 거칠고 반항하고 게다가 얄미운 말만 골라서 한다. 머리로는 그럼에도 불구하고 사랑하고 인정해 주어야 한다고 하지만 '마음'으로는 이미 그 아이를 배제하고 있었다. 아이는 기막히게 나의 '마음'을 알아챘다. 친절하게 웃어주고 달래주고 어깨를 토닥거려주며 다가가지만 아이는 그러한 나를 거부하는 것 같았다. 조롱에 찬 눈빛, 빈정거리며 실룩대는 입가는 어느새 '웃기시네' 하는 것 같았다. 내 안에 깊숙이 숨겨놓은 이기적인 '마음'을 들키고야 만 것 같았다. '마음'의 언어는 갓난아이에게도 정확히 전달된다. 사랑을 받지 못해 죽을 것만 같은 상처받은 아이들에게 있어, 진실한 사랑은 생명과도 같다. 그러므로 적당히 그런 '척'하는 것은 오히려 혐오감만 부추길 뿐이다. 그렇다면 '생각'이 아닌 '마음'으로 사랑할 수 있는 방법은 없을까?

생각 없는 마음은 없다. 그러니 '마음'의 일이라고 하여 생각을 부정해서는 안 된다. 생각과 정신과 마음을 다스려야 한다. 아이에 대한 부정적인 생각이 거듭 반복되어 습관이 되지 않도록 생각과 마음이 변화되어야 외적 태도도 그 진정성을 발휘한다. 아이에 대한 부정적 감정을 금기시하면서 다른 태도로 위장하는 것은 오히려 상황을 정확하게 볼 수 없게 만든다. 자신의 불편한 생각과 감정을 존중하면서 내가 아이에게 원하는 것이 무엇인지 솔직하게 물어야 한다. 아이가 왜 반항적이고 성실하지 못한지에 대한 아이의 입장을 고려하기보다 내가 원하는 대로 움직여주기를 바라는 나의 이기심이 더 큰 것은 아닌지 스스로 살펴야 할 것이다. 드러나는 행동에 대한 해석과 판단보다는 그 이면에 담긴 것을 보려는 내적 노력이 필요하다. 그리하여 진심으로 '마음'이 일을 할 수 있도록 하여야겠다.

살레시오 성인은 예수님을 우리의 '마음'속에서 숨 쉬게 하라(Live Jesus!)는 모토를 평생 안고 살았다. 이는 "이제는 내가 사는 것이 아니라 그리스도께서 내 안에 사시도록"(갈라 2,20 참조) 하는 '마음의 영성'이다. 살레시오 성인은 '마음'이란 장소는 지성과 의지, 이성과 애정, 머리와 마음을 하나로 보는 통합된 곳으로 보았다. 성인은 머리와 마음, 합리성과 감성을 통합하여 '마음'으로 표현한다. 돈보스코는 교육은 '마음'의 일이라고 했다. 여기에 예방교육의 모든 것이 포함된다. 그는 젊은이들과 '마음의 교류'를 이뤄내지 못하면 진정한 교육은 없다고 하였다. 이 '마음의 교류'는 총체적인 교육의 결실이 된다. 살레시오 성인의 온유와 인내는 단순히 '성격 좋아 인내'하는 차원이 아니다. 그리스도가 내 안에 사는 것이며 내 안에 살아계신 그리스도의 마음으로 이웃과 청소년을 품어 안는 것이다. 이 마음은 단순히 감상적이고 정적인 것이 아닌 넘치는 에너지, 역동과 도전을 의미한다. 살레시오 성인이 말하는 '마음'은 신학적이면서 동시에 심리학적인 문제로 다뤄진다. 마음은 '영혼 최상의 곳'이며 영적인 삶이 흘러넘치는 곳, 모든 의미와 가치를 끌어 올려주는 장소이다. 여기는 자신의 내면세계를 스스로 성찰하면서 억압이 아닌 자연적 제어가 가능할 때 도달할 수 있는 곳이다.

온유함, 생생한 기쁨의 표현

'꿀벌은 꿀을 마실 때 조금도 꽃을 상하지 않게 하며 꽃은 이전의 아름다움을 조금도 잃지 않는다'고 아리스토텔레스는 말한다. 살레시오는 이 말을 빌려 '참된 신심은 그 어떠한 직무를 소홀히 하거나 이웃을 불쾌하게 하지 않는다'고 한다. 오히려 직무도 열심히 하고 이웃을 더욱 즐겁게 하고 주변을 아름답게 꾸며가게 하는 것이 참된 영성생활을 의미한다. 살레시오 성인에게는 온유한 행동과 하느님을 섬기는 행위와 차이가 거의 없다. 사랑은 온유함으로 표현 되어야 하기 때문이다.

어느 날, 참으로 화를 내지 않고는 안 되는 심각한 상황에 부딪친 살레시오는 잠시 침묵을 한 후 아무 일도 없었다는 듯이 평정을 되찾고 하던 일을 계속 하고 있었다. 너무도 신기하여 누군가 물었다. "신부님은 어찌 그리도 태연하십니까? 화도 안 납니까?" 살레시오는 답하기를 "이십여 년 간을 노력해온 덕행을 단 한 순간 인내하지 못해 무너뜨리게 할 수는 없다"고 했다. '온화함으로 노여움을 이기라'는 말이 있듯이 참고 견디는 인내보다 적극적인 온화함이 사랑을 일궈낸다. 살레시오는 노여움을 온화함으로 녹여낼 줄 알았다. 요즘 세상은 열광과 흥분의 도가니로 빠져드는 듯하다. 화를 쉽게 내고 인내하지 못한다. 참아내려고 하지만 감정이 들끓어 오른다, 불쾌한 말 한마디, 빈정대며 거들먹거리는 모습, 오만하기 이를 데 없는 자세, 뼈있는 농담으로 다가서는 이런 모든 것들과 참아내기보다 맞서는 데 익숙해져 간다.

귓병이 있는 것도 아닌데 균형감각을 잃어가는 듯하다. 그래서 화가 난다. 온유함은 어느새 잊힌 덕행이 되었다. 그것이 덕행인지 조차도 알 수 없다. 사람들은 종종 온유함을 줏대 없이 나약하거나 잘 속아 넘어가는 유순함과 무기력으로 이해한다. 예수님은 말씀하신다. "나는 마음이 온유하고 겸손하니 내 멍에를 메고 나에게 배워라"(마태 11,29). 우리는 멍에가 무거워 화를 내고 인내하지 못한다. 그러나 그 짐을 기꺼이 지어야 비로소 짐이 가벼워진다는 진리를 알아야 한다. 예수님의 온유함은 무거운 짐도 사랑으로 변하게

한다. 그래서 당신의 멍에는 편하고 짐은 가볍다고 장담하시는가
보다. 예수님의 마음은 세상을 구원한 사랑의 씨앗이며 꽃이다.

"온유함은 사랑의 꽃이며 수많은 덕 중에서도 가장 아름답고 뛰
어난 덕행이 된다."

– 성프란치스코 살레시오

누군가 따지듯이 살레시오 성인에게 물었다. "왜 '온유함'이 그
토록 중요한 덕이 됩니까?" 살레시오는 "나도 너도 모두 완전하지
않기에 그렇습니다"고 답한다. 그래서 그 불완전함에 인내하여 온
유하고 친절해야 한다. 살레시오는 우리 모두는 '하느님의 이미
지'로 지음 받았음을 강조한다. 하느님의 이미지를 향하여 거침없
는 분노로 쏟아내 상처를 주어서는 안 된다는 것이다.

살레시오는 크고 작은 일이나 부자나 가난한 자나 어른이나 어
린이나 남자나 여자나 누구에게나 대하는 태도가 한결같았다. 또
한 바쁘거나 한가하거나 언제나 부드럽고 온화하게 사람들을 대하
였다. 화를 내는 사람에게도 무뚝뚝한 사람에게도 피곤하게 짜증
을 내는 사람도 온유하게 대하는 살레시오의 태도에 감동하여 기
쁨을 가득 안고 돌아갔다고 한다.

주교인 살레시오는 매일 이러한 결심을 하였다.
"어떤 사람을 만나도 나는 결코 그들이 무시당하거나 모멸감을

느끼게 하지 않을 것이다. 나를 만나고 싶어 하는 사람이 오만하든 냉정하든 사납고 교묘하든 그 누구도 결코 피하지 않을 것이다. 조금이라도 그들을 비웃거나 빈정대는 마음을 가져서도 보여서도 안될 것이다. 나는 언제 어디서 누구를 만나든지 그들을 존중하며 잘 듣고 적게 말할 것이다.”

교육의 성공열쇠는 온유함

상대에게 부드럽고 따뜻하게 대해 주면 그 따뜻함이 온전히 나에게 온다. 그러나 상대에게 짜증이나 불평을 쏟아내면 그 또한 고스란히 돌아와 몸과 마음이 편치 않다. 그래서 온유한 사람은 평화롭고 기쁠 수밖에 없다. 온유함은 곧 내면의 기쁨을 드러내는 구체적인 행동이다. 그러므로 교육자들에게 있어 살레시오 성인의 ‘온유와 인내’는 무엇보다도 절실히 요구되는 덕행이다. 돈보스코는 ‘아이들이 그 어떤 잘못을 하였을지라도 그들에게 억압이나 두려움으로 복종하게 해서는 안 된다’고 한다. 또한 지도자의 분노에 의하여 평정심을 잃고 얼굴에 생기는 작은 표시조차도 경계하라고 말한다. 살레시오 성인은 강압이 아닌 온전한 사랑(All by love, nothing by force)만이 최선의 선택이었다. ‘온유와 인내’는 예방교육 영성의 핵심이며 이것만이 청소년영혼을 구원할 수 있는 가장 중요한 소통의 열쇠다. 교육의 참된 성공은 오로지 인내의 결과에 있다. 부모건 교사건 인내하지 않으면 아이들과 함께할 수 없다.

돈보스코를 아는 사람들은 돈보스코를 통해 살레시오 성인이 우리 가운데 살아있는 듯이 보였다고 말한다. 돈보스코는 무엇보다도 살레시오 성인의 온유한 친절과 남을 기쁘게 하는 덕에 매료되었다. 그는 종종 "살레시오 성인의 애덕과 온유함은 내 길잡이가 될 것이다"(『돈보스코 전기 I』 참조)라고 고백했다. 또한 '아무것도 자신을 침울하게 하지 않도록 스스로를 다스리라'고 말했다. 청소년과 함께하는 교육자에게 있어서 '온유'는 교육의 성공여부를 가려내는 매우 중요한 덕이다.

바오로 알베라 신부는 돈보스코의 기쁨의 정신을 가지고 살아가길 원하는 사람에게 다음의 세 가지에 대해 주의 깊게 고찰하라고 한다(F. J. 클러더, 『살레시오와 돈보스코』 참조).

– 나는 늘 평온하고 쾌활한가?
– 나는 나의 이웃을 기쁘고 인내롭게 대하는가?
– 나는 언제든 기꺼이 희생할 각오가 되어 있는가?

이 세 가지 질문은 곧 '나는 온유한가?'에 대한 질문이기도 하다. 온유의 덕은 인내와 희생없이는 불가능하다. 안포시 신부는 이렇게 증언한다. "나는 돈보스코가 *왈도파 사람들과 논쟁하던 때에

---

* 왈도파(Waldenses)

종종 참석했는데, 미묘한 논쟁 가운데도 돈보스코가 취한 태도는 나를 경탄케했다. 〔…〕 그는 항상 자신에게 정중하지 않았던 삐뚤어진 사람들을 변함없이 대해 주었다"(『돈보스코전기 Ⅳ』 참조). 자신에게 관대하건 그렇지 않건 간에 반응하기보다 능동적으로 대응할 수 있는 것은 온유(gentleness)할 때 가능하다.

> "꿀벌은 적은 꿀을 만들기 위해 여러 달 동안 일하지만, 사람은 한 입에 그 꿀을 삼켜버립니다. 나 역시 온유의 덕행을 한 방울 씩 이슬처럼 20여 년간 노력하면서 모아왔는데 한 순간 인내하지 못하면 다 잃을 수 있습니다."
>
> – 성프란치스코 살레시오

'돈보스코 마음'의 현존 – 임장지도(Assistance)

〈사목정보〉에 '살레시오회에서 만난 청소년정신'이란 박진홍 신부의 글이 눈에 확 띄었다. 평소에 청소년교육에 관심이 많았던 그는 대전교구 사제로서 살레시오수도회에 머물면서 살레시오의 교육프로그램을 알고 싶었다고 한다. 그러나 살레시오 교육자들과 함께하면서 기대했던 것보다 허술한 살레시오의 프로그램에 당혹스러웠고 실망했다고 한다. 그런데 기이한 현상이 일어났다는 것이다. 여름캠프기간 대전교구에서 더 좋은 강사진과 우수한 장비로 교육을 받은 아이들과 허술하기 이를 데 없는 살레시오 교육을 받은 아이들이 너무나 대조적이었다고 한다. 더 훌륭하게 준비된 곳에서 캠프를 마친 아이들은 돌아갈 때 무표정이었고 허점이 많은 살레시오 캠프를 마친 아이들의 표정에는 행복감이 가득차고 운영팀과 헤어지기 싫어 눈물까지 흘리더라는 것이다. 이유가 무엇인지 꼼꼼히 살펴본 박 신부는 여러 차례의 캠프를 끝내면서 놀라운 사실을 발견했다고 한다. 그 비밀은 프로그램도 장비도 진행능력도 아닌 바로 '임장지도'였던 것이다. 그 많은 아이들의 이름을 외워 불러주고 시간만 되면 청소년 한 사람 한 사람과 함께 하고자 하는 수사님들의 모습에서 그 비밀을 찾아 낸 것이다. 치마를 입고 청소년들과 말뚝박기 하는 수녀님들, 구석에서 아이들과 '낄낄' 웃어가며 수다 떠는 신부님들을 보고 놀랐다고 한다. 너무도 궁금한 나머지 박 신부는 살레시오 신부에게 다가가 '이것이 우연인지, 계획인지' 물었다고 한다. 대답은 "살레시오 정신이지요. 임장지도라고 하는데요. 늘 청소년 곁에서 함께하고자 하는 돈보스코의 마음"이라고 하더라는 것이다.

오토 바이닝거(Otto Weininger)의 '놀이와 교육'에서 말한다. 아이들은 해가 떠서 질 때까지 '하루 종일 뛰어놀고, 의심나는 것을 묻고, 이상한 장소에 가보고, 강 언덕을 뒹굴고, 조약돌, 새털, 고무줄, 나뭇가지를 모으면서' 놀았다. 그리고 아이들의 곁에 있던 어른들은 아이들 걱정을 하면서 많은 고민을 하고 열띤 논쟁과 토론을 했다. 그러던 어느 순간 아이들은 아무 문제없이 잘 자랐다는 이야기다.

사실 여기에서 '놀이'자체가 아이들을 키워줄 수도 있지만 어른들의 고민과 사랑의 현존이 아이들을 잘 자라게 해 주었다고 생각한다. 정서발달과 언어발달이나 대인관계능력은 자율적으로 활동하면서 성장한다. 어른들은 아이들을 방치(放置)한 것이 아닌 방목(放牧)하였던 것이다. 방치는 무관심속에 그대로 내어 놓은 상태에서 스스로 선택하고 결정할 줄 모르고 제멋대로 누리는 자유로운 상태이다. 그러나 방목은 관심과 배려로 어느 정도의 울타리 안에 내어 놓고 스스로가 선별하고 조율하는 자율성에서 이루어진다. 물론 이 울타리는 존중되어져야 하며, 임의대로 침범되어지는 영역은 아니다. 이 방목은 아이들 각자가 사랑받고 있다고 느낄 수 있는 환경이다.

예방교육에 있어 빼놓을 수 없는 가장 중요한 것은 방목보다 더 적극적인 현존, 즉 '임장지도(Assistance)'이다. 감독이나 감시하는 것이 아니라 돈보스코의 마음인 친절한 사랑의 현존이다. 아이들이 있는 곳이면 먼저 다가가 그들의 눈높이로 내려가 온몸을 던져 뛰어놀면서 '돈보스코의 마음'으로 현존한다.

'마음'이 '마음'을 얻는다

어느 날 몽페라토 주의 산살바도르에서 그곳 주민들이 돈보스코를 매우 존경하지만 프리베라라는 사람은 돈보스코를 적대시한다는 말이 떠돌았다. 그 사람은 사제만 보면 잡아먹으려 한다는 것이다.

그러던 어느 날 돈보스코는 프리베라를 거리에서 마주치게 되었다. 돈보스코는 정중하게 모자를 벗고 인사하면서 그에게 다가갔다. 그는 돈보스코의 공손함에 매우 황당해서 난처한 표정을 지었다. 돈보스코는 손을 내밀며 악수를 청했고 그는 마지못해 손을 내밀었다. 돈보스코의 친절한 사랑은 눈빛과 태도에서 그대로 보여주었고 온전히 그를 향한 애정으로 말을 건넸다. 그러면서 돈보스코가 알고 있는 그의 가문에 대한 훌륭한 점을 이야기하면서 칭찬해 주었다. 프리베라의 굳었던 마음이 열리기 시작하면서 결국에는 돈보스코를 자기 집으로 초대하였다. 돈보스코는 급한 용무가 있음에도 불구하고 기꺼이 그 초대를 수락하였다. 프리베라는 돈보스코의 친구가 되었을 뿐 아니라 기부금까지 선뜻 내어주기까지 한 것이다. 친절하고 진실한 '마음'만이 '마음'을 얻어낼 수 있다. 이는 곧 그 사람의 온 존재를 얻은 것이나 다름없다.

돈보스코의 예방교육이 성공한 비결은 바로 이러한 친절한 사랑에 있다. 교육은 마음의 일이며 친절한 사랑만이 젊은이의 마음을 얻어낼 수 있다. 돈보스코는 "나는 청소년의 마음을 얻어낼 수 있을 때만 일을 시작한다"라고 하였다. 또한 "나는 사십여 년 간 젊은이들과 함께 살았지만 나는 그 어떤 체벌이나 처벌을 한 기억이 없다"라고 말했다. 교정하고 체벌하여 이루어지는 순간적이고 일시적인 변화가 아닌 기다리고 인내하면서 점차적으로 이루어지는 변화만이 진정한 변화라고 돈보스코는 믿었던 것이다.

빈 것을 채워주는 감사

감사하는 마음은 창의성을 생산하고 실현하는 이벤트의 장이 된다. 감사는 여러 가지로 표현된다. "시선하나, 몸짓하나, 미소하나라도" 감사의 표현은 충분하다. 감사의 표현은 하는 사람이나 받는 사람에게 '미묘한 기쁨과 행복, 마음의 통교'를 느끼게 해 준다(카를로 데 암브로지오, 『돈보스코처럼 교육합시다』 참조). 감사는 단순하게 표현하는 것에서부터 온 존재로 드러낸다. 완벽한 조건에서 '감사'하기보다 부족하기에 '감사'하는 마음은 그 어떤 보석보다도 빛난다.

두 종류의 사람이 있다. 드넓은 하늘 끝에 작게 걸쳐진 먹구름으로 불안해 하는 사람이 있고 짙게 드리워진 먹구름 속에서 한줄기 빛을 보고 즐거워하는 사람도 있다. 비가 와도 걱정이고 오지 않아도 걱정인 사람이 있지만 번개와 폭풍이 몰아쳐도 내일을 바라며 희망하는 사람도 있다. 뜨거운 여름더위에 땀 흘리며 뛰다가 누군가 건네주는 물 반 컵에 '반이나 채워줘서' 고마워하는 사람이 있지만 '반 밖에 안 채운 것'에 불평하는 사람도 있다. '이왕이면 더'라고 요구하는 사람이 있지만 '이 정도면 충분' 하다며 행복해 하는 사람도 있다.

어떤 사람이 직장동료들과 함께 식사초대를 받아 즐겁게 담화를 나누며 식사를 마친 후 차를 마시게 되었다. 모든 것이 다 즐거웠고 만족스러웠는데 마지막 차 한 잔이 문제가 되었다. 다른 동료들은 모두 푸른색 찻잔이었는데 자기만 붉은색 찻잔인 것이다. 같은 색의 찻잔이 부족했나 보다. 그러나 붉은색 찻잔을 받은 동료는 기분이 좋지 않았다. 그리고 돌아오면서 동료들에게 말했다. "어쩌면 나만 붉은색 찻잔이야. 그것도 채우다 만 잔이었어." 다른 동료가 말했다. "찻잔이 부족했겠지. 그리고 차는 채우는 것이 아냐." 그러나 붉은색 잔을 받은 동료는 더욱 화를 내며 빈정대며 말한다. "왜 하필이면 나지?" 이 사람에게는 다른 사람들과 다른 색의 찻잔을 받은 것이 상처였다. 그에게 있어서 꽉 차있지 않는 찻잔은 없는 것과 같으며 분노와 절망 그리고 모욕이었다. 완전하지 못하면 없느니만 못한 무한대로 나쁜 것이 되었다. 그에게 있어 붉은 잔은 자신의 우울이며 절망이다. 반 컵은 결핍이며 모욕이다. 그래서 완전히 충분하지 않으면 언제나 비어있는 상태에 머물게 된다. 그래서 이 사람에게는 언제나 충분하지 않은 삶이 기다릴 뿐이다.

살레시오 성인은 불완전한 그 누구라도 완전하고 위대한 하느님의 이미지로 불림을 받았기에 우리 모두는 세상에서 가장 소중한 사람이라고 한다. 그러나 스스로가 스스로를 존중하지 않으면 많은 것들을 적대시하게 된다. 스스로가 "나는 쓸모없고 똑똑하지 못하고 나약하고 그리고 아름답지도 않다"며 구박하고 적대시하면 완전하지 않은 그 모든 것이 자신의 결핍이기에 적이 되고 나쁜 것이 된다. 그러므로 이웃이 나에게 무엇을 주는 것에만 집착하게 되고 결국은 그 무엇이 주어진다고 하여도 비난과 불평만 생긴다.

평민이나 귀족이나 가난하거나 부자거나 여자이거나 남자이거나 군인이거나 상인이거나 모두 다 하느님의 소중한 선물을 받은 소중한 존재다. 그래서 고통과 행복 즐거움과 비관 사랑과 저주의 틈 사이에서도 '충분히 좋은' 싹이 자랄 수 있음을 확신해야 한다.

많은 이에게 알려진 가수 레나마리아는 태어날 때부터 두 팔이 없고 한쪽 다리가 짧은 중증 장애인이다. 그녀에게 정상적으로 의지할 수 있는 신체는 단지 오른발뿐이다. 그 한쪽 발로 피아노, 요리, 뜨개질, 십지수, 운전 등을 능숙하게 해낸다. 이는 자신 안에서 할 수 있다는 충분한 가능성을 믿고 보았기에 가능한 것입니다. 사람들은 그 오른발을 '세상에서 가장 아름다운 발'이라고 칭송한다. 그러면서 장애인이 아닌 사람도 장애의식을 가지고 있지만 레나마리아는 장애인이면서 장애의식을 가지고 있지 않다며 감동한다. 과연 레나마리아가 신체적인 장애를 뛰어넘어 자유로울 수 있었던 이유는 무엇일까. 그녀는 심지어 자신의 '장애는 행복의 조건'이라고 말한다. 그녀는 자신의 처지에 감사할 줄 안다. 주어지지 않은 것에 연연하지 않고 주어진 것에 감사한다. 아니 오히려 남들보다 적게 가진 것에 감사하며 '장애인인 것에 감사하다'는 말을 한다.

하느님은 보는 사람에게 보이고 찾는 사람에게 존재한다. 좋은 상황이 좋은 것을 보게 하는 것이 아니라 좋은 것을 보기에 좋은 여건이 갖춰지는 것이다. 희망을 찾고 믿는 사람은, 작지만 가진 것 그 자체가 희망이고 감사다. 우리가 삶을 긍정적으로 바라보면 옳고 좋은 것을 보게 된다. 부정적으로 바라보면 잘못되고 나쁜 것만 보인다. 기본적으로 부정적인 사람보다는 긍정적인 사람이 현실에 도전할 수 있는 에너지와 유연성이 있어 성공적인 선택을 하는 데 영향을 준다고 한다.

> "많이 가진 것보다 적게 원하는 것이 훨씬 좋다."
>
> – 성프란치스코 살레시오

이는 작은 것을 원하면 많은 것을 가지게 된다는 것과도 같다. 반이 비어있지만 반보다도 작은 것을 원한다면 그 반 컵은 완전한 채움이며 완성이다.

기쁘게 살기 위한 10가지 계명

① 자신을 용서하라!

자신이 바보 같은 행동이나 실수를 하였을 때 웃는 법을 배우라. 사랑하는 사람을 용서하듯 누구보다 소중한 자신을 용서하라. 유명한 심리학자인 칼융(Carl Jung)은 "자신을 사랑하지 않고 남을 사랑한다는 것은 거짓"이라고 한다.

② 자신의 상황을 솔직하게 직면하라!

현재 자신 안에 일어나고 있는 감정이 무엇인지 정확한 이름을 붙여라. 질투, 미움, 두려움, 집착, 불안 등. 스스로를 합리화하고 정당화하려는 유혹에서 벗어나 자신의 감정에 솔직하라. 그러면 상황을 더 좋게 만들어갈 수 있다.

③ 나만의 공간을 찾아라!

조용히 자신을 돌아볼 수 있는 공간을 찾아라. 『비밀의 화원』 소설에서 메리는 자신만이 아는 비밀의 정원을 가꾼다. 메리의 정원은 마음을 가꾸는 밭이었던 것이다. 사랑하는 사람과 함께 머물듯 자신과 연애하듯이 그렇게 홀로 머물러라.

④ 몸을 움직여 운동하거나 노동하여라!

몸을 움직여서 땀을 흘려라. 특히 근심과 걱정이 나를 짓누르고 우울하게 하는 감정을 움직여 땀을 흘려 기분을 전환시켜라. 조깅이나 샌드백 치기, 산책, 아니면 청소를 하여 집안 구석구석을 닦아도 좋다. 부정적인 감정들이 땀과 함께 씻기면서 어느 순간 마음 깊숙이 평온함이 자리할 것이다.

⑤ 잠시 남의 일을 구경하듯이 거리를 두고 기다려라!

때로는 지나치게 집착하거나 개입하여 일을 그르치는 경우가 있다. 자신에 대한 기대가 커서 공정함을 잃고 감정에 휘말리어 헤어나지 못하는 순간도 있다. 그럴 때 잠시 남의 일을 보듯이 거리를 두라. 우리는 지나치게 주관적인 집착으로 종종 기쁨을 잃게 된다.

⑥ 믿을만한 사람에게 마음을 열어 언어로 표현하라!

자신을 있는 그대로 믿어주고 공감해 줄만한 친구나 스승, 부모 상담자에게 자신의 솔직한 감정을 이야기하라. 불안이나 걱정은 말로써 털어놓을 때 해소될 수 있다. 불안한 감정은 폭탄과 같아서 혼자만 안고 참고 있다 보면 어느 순간 터져 예기치 못한 좋지 않은 일을 초래하기도 한다.

⑦ 나만이 아는 그림과 일기를 써라!

때로는 홀로 자신에게 편한 그림이나 낙서 또는 글을 써라. 누구에게 보일 필요도 없으니 그저 마음가는대로 그리거나 쓰다보면 내면의 그림자가 보인다. 자신의 그림자를 인식할 때 슬픔이 기쁨으로 치유되는 특별한 순간을 맞이하게 된다.

⑧ 취미활동에 몰입하라!

"요즘은 내가 왜 이럴까?" 자신에게 어떤 좋지 않은 징후가 자꾸 찾아올 때 평소 하고 싶었던 취미생활을 하라. 자신이 좋아하는 것에 몰입하게 되면 자신도 모르는 생기 있는 에너지를 얻게 된다.

⑨ 바꿔 생각하는 법을 배워라!

우리는 어떤 문제가 발생되면 본능적으로 남을 탓하게 된다. 그래서 상대방이 괘씸하게 여겨지면서 더 화가 난다. 그러다보면 사실을 과장되게 상상하고 왜곡시키기도 한다. 비록 내가 잘했어도 진짜 문제의 탓이 상대방에게 온전히 있다하여도 늘 바꿔 생각하는 연습을 해라. 스스로에게 주문을 외듯이 말하라! "그럴 수 있지. 그렇지 그럴 수 있지." 이렇게 반복하는 주문 속에서 평정을 찾는 비결을 배우게 된다.

⑩ 호탕하게 웃는 연습을 하라!

모든 감정은 감염의 속성이 있는데 우리 뇌는 유독 미소와 웃음을 잘 감지한다고 한다. 일상 안에서 보여 주는 미소나 웃음은 친근한 메시지를 담고 있어 상대에게 믿음과 편안함을 준다. 긍정적인 감정은 신속하게 전달된다. 웃음역시 서로에게 감염된다. 피곤에 지쳐 있을 때 보여 주는 미소는 마치도 무더위에 불어오는 한줄기 시원한 바람처럼 나의 육신을 쉬게 해 준다.

세상에서 가장 아름다운 감정, 감사 – 내 안에 든 VIP리스트

누군가가 나의 마음을 읽어주고 공감해 줄 때 기쁩니다. "내가 너를 사랑하는 것은 네가 어떤 일을 해서도 아닌 무엇을 가져서도 아닌 그저 '너'이기 때문(돈보스코)이라고 고백해 주는 사람이 있다면 얼마나 행복할까요? 그런데 이런 기쁨이 거저 주어지는 것이 아닙니다. 일단 만사가 불평으로 다가오면 있는 즐거움도 희석됩니다. 감정조절을 못하고 상대방에 대한 배려 없이 짜증을 쉽게 내는 사람은 문제를 더욱 어렵게 만들고 주변사람들로부터 멀어집니다. '기쁨'이라는 소중한 감정은 내면 깊숙이 여러 색색의 감정 속에 섞여 있어 빛을 잃을 때가 있습니다. 조각처럼 흩어진 감정을 '감사'의 마음으로 모아 봅시다.

마음은 있지만 표현을 하지 못하는 경우가 얼마나 많습니까? 특히 가까이 있는 분에게 '감사'를 생략하게 됩니다. 어색하고 쑥스럽고 창피하게 느껴져 더욱 표현하기 힘듭니다. 그러나 감사는 표현하면 할수록 그 기쁨은 배가 됩니다. '칭찬도 일종의 감사표현이라고 합니다. 칭찬은 고래도 춤추게 한다고 하니 주위에 기쁨과 축제의 환경을 가꾸기 위하여 칭찬과 감사의 말을 건네는 연습을 하도록 합시다. 평상시에 늘 받기만 하고 그것을 당연하게 생각했던 가깝고 소중한 사람들을 위하여 VIP(very important person) 리스트를 만들어 하고 싶은 감사표현을 적어봅시다. 그리고 나서 혼자 되뇌든지 옆의 사람과 연습을 하면서 VIP리스트를 마음에 담아봅니다.

❖ 스마일영성은 …….

- 세상을 움직이는 기쁨의 에너지다.
- '마음'에게 말하는 '마음의 언어'다.
- 의미를 창조하며 깨어나는 진정한 '기쁨'이다.
- 사랑받고 있음을 느끼게 해 주는 친절한 사랑이다.
- 잠재성을 계발하고 단점을 강점으로 전환시키는 지혜다.

❖ 말씀묵상

사랑은 참고 기다립니다. 사랑은 친절합니다. 〔…〕

사랑은 모든 것을 덮어 주고 모든 것을 믿으며 모든 것을 바라고 모든 것을 견디어 냅니다(1코린 13,4.7).

기쁜 마음으로 아버지께 감사를 드릴 수 있게 되기를 바랍니다. 아버지께서는 성도들이 광명의 나라에서 받을 상속에 참여할 자격을 우리에게 주셨습니다(골로 1,11–12: 공동번역).

네 마음을 슬픔에 내맡기지 말며 부질없는 생각으로 고민하지 말아라. 마음의 기쁨은 사람에게 생기를 주고 쾌활은 그의 수명을 연장시킨다. 〔…〕 마음이 기쁘면 입맛이 좋아지고, 먹는 음식이 모두 맛있다(집회 30,21–22.25: 공동번역).

평범을 비범하게 하는 행동의 영성, 서비스 SERVICE

'서비스삶' 검사지

평범을 비범하게 하는 〈행동의 영성〉을 얼마나 살고 있는가?

이 검사지는 평소 우리의 행동양식을 체크해 보는 데 의의가 있습니다. 검사지를 체크하면서 점수에 집착하기보다 그동안 자신과 이웃에게 얼마나 관심을 기울였으며 또 실천하였는지 성찰하는 기회로 삼으면 좋겠습니다.

1. 전혀 아니다
2. 드물지만 있다
3. 종종 있다
4. 대체로 그러하다
5. 항상 그렇다

① 자신의 가능성을 발견하라!

서비스정신은 자신에게서 시작합니다. 봉사란 무조건 자기를 버리고 일방적으로 남에게 희생하는 것이 아닙니다. 자신이 누구인지, 자신에게 어떤 가능성이 있는지를 먼저 알아야 합니다.

나는 얼마나 구체적으로 자기계발에 관심을 가지고 있습니까?

나를 알고 탐색하는 작업을 즐기며 관심을 가지고 있다.

1 2 3 4 5

내가 무엇을 잘하는지 확실하게 알고 또 말할 수 있다.

1 2 3 4 5

취미나 특기활동, 모임을 꾸준히 해오고 있다.

1 2 3 4 5

나는 내 자신이 종종 고맙고 자랑스럽게 생각된다.

1 2 3 4 5

총계: ____________________

② 자신 있게 투신하라!

서비스영성의 두 번째 수칙은 용기를 갖고 자신을 내놓는 것입니다. 옳다고 여겨 결정을 내리면 다른 사람의 비난을 어느 정도 감수하면서 행동에 옮겨야 합니다.

자신이 하는 일에 얼마나 신뢰하고 실천하고 있습니까?

누군가를 도울 때 남의 판단이나 시선 때문에 주저하지 않는다.

1 2 3 4 5

결과나 성과에 대한 집착 때문에 해야 할 일을 포기하지 않는다.

1 2 3 4 5

상대방의 반응보다 나의 가치와 신념을 가지고 돕는다.

1 2 3 4 5

자신 없는 일이라도 해야 할 일이라면 기꺼이 한다.

1 2 3 4 5

총계: ___________________

③ 다름과 차이에 대하여 두려워 말라!

서비스영성은 나와 다른 것들을 인정하고 존중하는 어우름에서 의미와 가치를 찾아가는 여정입니다. 그러나 우리는 종종 다른 것을 틀린 것으로 판단하고 선을 그어 '끼리끼리'의 집단을 형성하려고 합니다.

나는 '다름'에 대하여 두려워합니까?

장애인이나 인종이 다른 사람에게 자연스럽게 다가간다.

1 2 3 4 5

불편한 것이라도 피하지 않고 해결하려 노력한다.

1 2 3 4 5

친구들의 성격이나 가정환경 및 경제적인 것이 나와 많이 다르다.

1 2 3 4 5

나와 생각이 다를 때 흥분하여 주장하기보다는 틀린 것과 다른 것을 구분하여 객관적인 입장을 수용하려한다.   1 2 3 4 5

총계: ___________________

④ 안테나를 높이고 구체적으로 실천하라!

서비스영성은 현실에 충실하고 주변의 일에 관심을 기울입니다. 내 이웃과 지역사회에서 벌어지는 여러 행사에 관심을 두고 필요하다면 적극적인 의견을 냅니다. 정부의 정책이나 언론의 왜곡이 가난한 사람을 위협하는 것이라면 인터넷을 통해 항의를 하고 시정을 요구하면서 정직한 시민으로서의 안테나를 높입니다.

나는 얼마나 세상의 안테나를 높이고 있습니까?

기아, 질병 그리고 재난과 관련된 뉴스를 자주 본다.

1 2 3 4 5

내가 사는 동네에서 어느 이웃이 가장 힘들게 살아가고 있는지 알고 있다.

1 2 3 4 5

사회적 약자와 소수의 인권보호에 늘 관심을 기울이고 있다.

1 2 3 4 5

인권신장 또는 환경보호를 위해 동아리나 시민단체에 가입한 적이 있다.

1 2 3 4 5

총계: ________________

⑤ 작지만 실속 있는 구체적인 방법을 찾아라!

서비스영성은 구체적인 방법을 찾아 행동하고 실천해야 합니다. 작고 미흡해도 실천해야 결실을 맺을 수 있습니다. 작지만 실속 있게 그리고 진실하고 따뜻한 마음이 전달되도록 하는 것이 무엇보다 중요합니다.

구체적인 방법을 찾기 위한 나의 노력을 평가할 수 있나요?

고통 하는 친구나 이웃을 보면 그냥 지나치지 못한다.
1 2 3 4 5

별안간 재난을 당한 지역이 발생하면 나만의 방법으로 돕는다.
1 2 3 4 5

매월 내 개인 통장에서 불우 이웃이나 단체를 위한 기부금이 나간다.
1 2 3 4 5

자원봉사활동은 함께할 수 있는 사람들과 진지하게 의논하여 구체적인 계획을 세워 활농한다.
1 2 3 4 5

총계: ___________________

＊서비스삶 총계: ___________________

❖ 점수

각 수칙마다 4개의 질문이 주어지고 20점 만점이며 5가지 수칙 총계를 합산하면 100점 만점입니다.

각 수칙의 점수를 합산한 후, 5가지 수칙 총계를 모두 합산하십시오!

• 100~80: 축하합니다! 당신은 서비스영성으로 이웃과 더불어 살아가는 행복한 사람입니다. 당신이 있어 세상은 밝습니다.

- 60~79: 희망이 있습니다! 조금만 더 노력해준다면 세상이 변하게 됩니다.
- 40~59: 용기 내십시오! 구체적으로 실천해 주십시오! 실천이 없으면 변화도 없습니다.
- 20~39: 분발하십시오! 분발하십시오! 내가 손을 내밀 때 비로소 세상도 나에게 손을 내밀어준다는 것을 기억하십시오.

선택은 의지이며 변화를 위한 행동입니다. 행동을 하면 그 경험은 유전자에 기록된다는 말이 있습니다. 유전자도 변할 수 있다는 의미입니다. 한번 하기가 어렵지만 일단 선택을 하면 내 몸의 유전자가 이 경험을 기억하여 다음에는 더 큰 일을 해낼 수 있습니다. 나의 변화는 세상의 변화입니다. 나와 세상을 위한 위대한 변화는 서비스영성에서 실현됩니다.

1. 혀는 귀에게, 마음은 마음에게 이야기한다

두 개의 마음

두 개의 마음이 있습니다.

하나는 부드럽고 친절하며 호의적이고 또 하나는 딱딱하고 엄하며 혹독한 마음입니다.

작은 결점을 가진 이웃을 비난하면서 더 많은 과오를 범한 자신에게는 변명하려 합니다.

자신이 내뱉는 말들은 좋게 해석해 주기를 바라면서 남의 작은 비난의 말에는 예민하게 대응합니다.

자기의 권리를 빠짐없이 주장하고 챙기지만 이웃의 권리는 무시하려 합니다.

다른 사람이 나를 겸손하고 공손하게 대해 주면 좋아하면서도 자신은 퉁명하고 불손하게 행동합니다.

자신에게는 친절하고 관대한 마음으로 이웃에게는 엄격하고 완고한 마음으로 기울어져 결국은 소통의 균형이 깨지고 맙니다.

혀는 귀에게 이야기하지만 마음은 마음에게 이야기합니다.

온유하고 겸손한 예수님의 마음으로 소통할 때 두 개의 마음은 조화를 이뤄냅니다(『성프란치스코 살레시오 어록』 참조).

　이웃의 마음에 전달되지 않는 말이 있다. 그저 겉치레로 입에만 발라져 있는 소리, '입에 발린 소리'다. 또한 이웃의 마음에 상처만 남기고 뒤돌아가는 말도 있다. 하나는 입에만 발려 귀로만 가고 또 하나는 자신의 욕망만을 담아 상처내고 돌아오는 소리다. 둘 다 마음에게 전달되는 말이 아니다. 살레시오는 '자신의 입장을 이웃의 입장에 두고 이웃의 처지를 나의 처지로 둔다면 언제나 우리는 정의롭고 자유롭게 판단'할 수 있다고 말한다. 마치 물건을 살 때에는 파는 사람의 입장에서, 물건을 팔 때에는 사는 사람의 처지에서 행동하듯이 말이다.

　그러자면 '마음'이 어디에 있는지를 살펴야 한다. 그래서 멈춰 성찰하고 기도할 필요가 있다. 사람이 싫고 두려울 때, 사건과 상황 속에 말려 들 때, 자신이 싫어질 때, 이웃이 멀게만 느껴질 때, 죽고 싶도록 억울할 때, 그래서 복수하고 싶을 때, 나의 마음이 어디에 있는지 물어야한다. '어리석은 부자'의 비유에서(루카 12,16-21 참조) 부자의 문제는 곳간에 곡식을 쌓아 두어서가 아니라 그의 마음이 재물에 있기 때문이라고 살레시오는 지적한다. 종교인들조차도 재물에 자유롭지 못하는 세상에서 하늘에 마음을 두기란 여간 쉽지 않습니다. "행복하여라! 마음이 가난한 사람들! 하늘 나라가 그들의 것이다"(마태 5,3). 예수님은 '행복하여라! 재산을 소유하지 않는 사람들'이라고 하지 않고 '마음이 가난한 사람'이라고 하신 이유는 무엇일까? 부자이든 아니든 중요한 것은 마음이 해방되어야 한다. 재물이 우리의 주인이 되어서는 안 된다. 재물에 빼앗긴 마음에는 이웃이 없다. 거기에는 두 마음의 균형이 깨져 오로지 나와 재물만이 남을 뿐이다.

위대한 소통의 법칙

산티아고 이론에 의하면 자기인식은 언어와 밀접하게 연결되어 있다고 한다. 단순한 정보전달의 차원이 아니라 서로의 행동조정이 소통의 핵심이라는 것이다. 즉 소통은 말 그 자체보다 인격과 행동에서 메시지가 전달된다. 말을 살하든 못하든 말하는 시간이 짧든 길든 결국 어떤 사람이 어떤 자세로 소통하느냐에 따라 달라진다. 그 자세는 곧 메아리가 되어 전달되고 또 뒤돌아온다.

우리는 살아가는 동안 수많은 사람들과 만나고 또 헤어진다. 어쩌다 한번 스쳐 지나칠 수도 있고 많은 이야기를 나눌 수도 있다. 오랫동안 함께 일했지만 기억에 없는 사람도 있고 짧은 만남이지만 강렬한 인상을 가질 수도 있다. 돈보스코는 특히 아이들과의 만남에서 어느 한 순간도 허투루 스쳐 지나가지 않는다.

제 2차 세계대전 때 죽은 고령의 살레시오회 신부인 마태오 리고니 신부는 돈보스코와의 첫 만남을 이렇게 기억한다. 어린 소년인 마태오리고니는 어느 날 아침 계단을 뛰어 내려가다가 돈보스코를 만났다. 별안간 돈보스코는 소년의 손을 꼭 잡으며 "너는 이제 도망칠 수 없다” 하면서 환한 미소를 지어보였다. “너는 항상 나와 함께 있을 거지? 그렇지?” 하며 따뜻한 사랑이 가득 찬 온화한 미소를 보이는 돈보스코에게 압도되어 자신도 모르게 그만 “예, 돈보스코 약속하겠어요”라고 대답했다. 돈보스코와의 그 짧은 만남에 대한 강렬한 체험을 영영 잊을 수 없었던 마태오리고니는 훌륭한 사제가 되었다. 그 후 그는 한 순간도 살레시오회 신부가 된 것에 대하여 후회한 적이 없다고 고백했다(카를로 데 암브로지오, 『돈보스코처럼 교육합시다』 참조). 사랑을 느끼게 해 주는 대화는 잊을 수 없는 아름다운 선물이다. 아주 짧은 순간이지만 아이의 내면에 메아리가 되고 또 다른 메아리를 만들어준 것이다. 돈보스코의 청소년에 대한 친절한 사랑은 우연마저 필연으로 돌려 놓는다.

그는 말뿐만 아니라 듣는 배려의 모습도 주의사람을 놀라게 할 정도다. 원죄 없이 잉태되신 성모님 축일 9일기도가 가까웠을 때, 도미니코 사비오는 돈보스코를 찾아가 기나긴 대화를 했다. 돈보스코는 말이 끝나면 “또 할 말은 없니?” 하고 물었고 그럴 때마다 사비오는 계속 말을 하였다. 이쯤 되면 보통 우리는 “이제 더 할 말 없지?” 하며 은근히 말을 끊으려 할만도 할 텐데 돈보스코는 처음 묻는 것처럼 계속 묻고 또 대답해 주었다. 돈보스코의 경청에 대한 모습을 보여 주는 기록이 있다.

“돈보스코처럼 말하는 사람에게 그토록 관심을 보여준 사람은 결코 만나보지 못했다. 그는 인내와 관용이 가득한 주의력과 민첩함,

항상 깨어 있는 인자함을 가지고 경청하였다"(카를로 데 암브로지오,
『돈보스코처럼 교육합시다』 참조).

　돈보스코는 소년들과 살면서 일할 때나 말할 때나 언제나 열정으로 가득 찼다. 그래서 소년들은 돈보스코의 말이나 행동에 애정을 갖고 신뢰하였다. 플라톤은 "젊은이들은 열렬한 분위기 속에서 살아가게 해야 한다. 위대한 일은 열정 없이 완성된 것은 하나도 없다"라고 말한다. 돈보스코 역시 젊은이들안에서 '기쁨과 패기와 열정'이 없어서는 안 된다고 강조한다. 열정은 전염된다. 돈보스코의 열정은 젊은이들 안에 있는 잠재력을 건드려 불꽃으로 튀어나오게 했다. 열정적으로 살려면 온진한 마음과 영혼이 지금 이 순간 민나 대화하는 사람과 함께하여야 한다(카를로 데 암브로지오, 『돈보스코처럼 교육합시다』 참조). 돈보스코는 만나는 모든 청소년에게 온 열정을 다하여 언제나 그들을 위해 준비된 사람처럼 말하고 경청하였다.

소통의 비밀, 비천함을 사랑하는 겸손

　"그 아이가 너 만나고 싶대."
　"그 아이?"
　"너 어렸을 때 늘 함께 붙어 다녔잖아."
　순간 잊고 살았던 어린 시절이 희미하게 스쳐지나갔다. 바로 옆집에 살았던 아이. 목소리나 하는 짓이나 꼭 남자 같던 아이였다.

친구들과 함께 하는 놀이에서도 다른 아이들에게 결코 지지 않았던 기억이 난다. 그리고 어느 날 나는 그 동네를 떠났고 이후 난 그 아이를 거의 잊고 살았다. 그런데 얼마 전 그 아이가 나를 만나고 싶어 한다는데 선뜻 내 입에서 보고 싶다는 말이 나오지 않았다. 그리고 몇 달이 지났을까? 언니로부터 그 아이에 대한 충격적인 소식을 접했다. 그 친구가 누군가에 의해 살해당했다는 것이다. 순간 놀라 가슴이 두근거렸다. 날 보고 싶다고 하던 그 아이, 그런데 내키지 않아 아무 대답도 하지 못했던 나, 죄책감에 억눌려 숨이 막혀 오는 듯 했다. 그 아이는 내 과거이며 자아의 일부이기도 하였다. 그런 그 아이를 거부했던 것이다. 공부도 못하고 놀기만 했던 머슴아 같았던 그 아이의 천함이 곧 나의 천함임을 인정하지 못했다. 그러나 내 내면의 비천함을 사랑하는 연습을 많이 했다면 난 분명 그 아이를 기꺼이 만나 손을 잡아주었을 것이다.

수도자인 나는 해진 옷을 입고 걸인들 속에 들어가지 않았다.

멋진 옷을 입은 사람들 틈에서 명성을 얻어내고자 한 것이다. 진정한 겸손은 명성을 거부해야 한다. 똑같이 낡은 옷인데 수도자가 입으면 명성을 얻고 걸인이 입으면 굴욕을 얻는다. 고통도 천한 것이 있고 명예스러운 것이 있다고 한다. 명예스러운 고통은 참아 받으면서 자부심을 얻고 천한 고통은 모욕과 비웃음을 얻는다. 눈을 내리뜨지만 마음은 자만에 가득차고 꼴찌자리에 가려고 서둘러 움직이지만 마음은 무겁다. 이것 역시 명성을 얻어내려는 제스처에 불과할 뿐 결코 진정한 겸손이라 할 수 없다.

살레시오는 '겸손(humility)은 굴욕(humilation)이 아니'라고 말한다. 이는 단지 창조주의 헤아릴 수 없는 넘치는 풍요로움과 견주어 자신의 것이 얼마나 미약한지를 알아보고 인정하는 것이라는 것이다. 겸손은 그저 자신에 대한 진실을 알아가게 한다. 겸손은 그야말로 "굴욕"을 기꺼이 받아들이고 사랑하는 덕이다. 성모님은 "당신 종의 비천함을 돌보셨음이로다"라고 기뻐 용약하여 노래한다. 바로 '비천함'을 사랑하는 성모님이야 말로 진정한 겸손의 모델인 것이다. 살레시오는 '비천'이란 그저 우리가 본래 가지고 있는 '미소함'이며 '겸손'이란 이 '비천함'을 진정으로 기뻐하는 것이라고 강조한다. 그리고 정말 완벽한 겸손은 기쁘고 적극적으로 이 '비천함'을 인식하고 사랑하는 것이다.

우리는 남에게 욕을 먹고 모함을 당할 때 반박하고 대들지 않고 침묵할 수 있을까. 비난과 모욕을 기도와 침묵으로 수용 한다면

굴욕의 독소는 스스로 소멸되리라. 이것이 바로 적극적이고 능동
적인 겸손이다.

의식(Consciousness), 세상을 바라보는 창

"슬프지?"

"왜요?"

"이 책 읽으면서 슬프지 않았어?"

"아~니요!" 아이들은 의아한 듯 동그랗게 눈을 뜨고 입을 쫑긋
세우며 커다랗게 외친다. 빈민지역에서 살아가는 아이들의 고통과
비애가 담긴 동화이야기를 읽으면서 많이 울었던 나는 똑같은 책
을 읽고도 냉담하게 반응하는 아이들의 반응에 순간 무척 당황스
러웠다.

"왜 슬픈데요?" 앵무새처럼 여기저기서 따라 나오는 소리.

"너희 또래 아이들이 부모님도 없이, 어렵고 힘든 상황을 이겨
나가며 서로 돕는 모습이 감동적이지 않니? 게다가 실제 있었던 일
인데 아무런 느낌도 없단 말이야?"

약간 흥분해서 이야기하자 아이들은 순간 약간 숙연한 듯 하더
니, 끝내 한 아이가 빈정대며 말한다.

"그런데 이상해요. 돈도 없는 아저씨가 아이들을 왜 데려다 키
워요?"

자신도 가난하면서 어떻게 아이들을 데려다 먹여주고 돌봐 주냐며

도저히 이해할 수 없다는 것이다. 남을 조건 없이 돌봐주는 일에 감동하기보다 도무지 이해할 수 없다고 따지는 아이들의 냉랭한 모습에 한동안 가슴이 먹먹했다.

제 아무리 아름다운 꽃이라도 내가 느끼고 깨닫지 못하면 나의 마음 안에 들어오지 않는 법이다. 아름답다는 의식(consciousness)을 하지 못하기 때문이다. 길을 가다가도 장애인을 보면 불쌍하다는 느낌이 없는 것도 의식이 없기 때문이다. 의식은 경험하고 있는 심적 현상의 총체라고 한다. 심리학에서는 체험하고 느끼는 것을 말한다. 의식은 모든 지식기반의 토대이며 자아를 만들어간다. 그러므로 느끼며 깨닫는 과정은 건강한 인성을 만들어 가는 데 내우 중요하다.

생각은 의식이 아니다. 의식은 교실에서 배울 수 있는 것도 아니다. 시험지에 쓴 답은 이해하지 못하고 느끼지 못해도 정확하게 쓸 수 있다. 다만 이 답은 의미와 가치를 부여하고 깨닫고 분별하게 해 주는 의식의 차원이 아닌 그저 개념일 뿐이다. 우리의 교육은 오로지 대입구멍을 뚫기 위하여 경험보다는 이론, 자기발견보다 생존의 법칙에 의한 경쟁 그리고 느끼고 깨닫는 과정보다 신속하게 답하는 실용에 익숙하다. 게다가 아이들은 게임을 하거나 영화를 보면서 고통스럽고 잔인하고 슬픈 이야기를 구경하듯 관망하는 것에 길들여져 간다.

미디어는 시공이 없고 단지 우리 삶 안에 들어올 뿐이다. 장소에 대한 감각도 다르다. 그래서 메이로비츠(Joshua Meyrowitz)는 우리는 분별과 감각이 없는 장소에 살고 있다고 한다. 비극과 홍수 재난 등의 뉴스를 본다. 실제이지만 내가 경험하는 것이 아니다. 경험 없이는 성찰도 상식도 없다. 우리의 많은 경험이 미디어에 의하여 조종되고 진짜 상호작용 없이 경험하고 느끼고 판단한다. 아이들은 분명 실제로 고통 받는 아이들의 이야기라는 것을 알지만 영화나 드라마처럼 그저 복사된 또 다른 이야기일 뿐이다.

의식은 어디서 오는가? '마음'은 뇌가 살아서 의식을 촉진할 때 작동한다고 한다. 의식 안에서 마음을 만들어가는 것이다. 우리는 의식으로 생각과 정보를 처리한다. 실제경험을 통하여 감정과 생각과 의지를 깨우고 식별하여 결정하고 행동한다.

의식은 현실체험을 통해 아픔, 슬픔, 따뜻함, 차가움, 외로움 즐거움 등의 감각을 느낌으로 다가온다. 체험한 과거를 떠올려 의식하거나 대화하면서 의식적으로 생각하고 말하고 행동한다. 거기에서 의지와 결심이 생기고 상상과 창의력이 나온다. 그러므로 어떤 경험을 어떻게 했느냐에 따라 그 사람의 품성과 인성이 달라진다.

깨어 느끼고 분별하지 못한다면 웃음도 눈물도 '마음'을 만나지 않은 피상성에 머문다. 그저 버튼을 살짝 누르고 튀어나오는 현상에 불과하다. 지식기반의 토대이기도 하며 자아를 만들어가는 소중한 우리의 '의식'은 나도 이웃도 알아보지 못한다. 미디어 세상에

노출된 아이들은 자신의 현실세계에서 가상의 시스템이 함께 작동한다. 한 번도 직접 체험하지 않아도 잘 안다고 생각한다. 미디어의 프레임에서 보여 주는 부분이 전체라고 인지한다. 더욱이 경험하기보다 이론을 요구하는 우리 교육현실에서 느끼며 깨닫는 과정이 가상경험에서 이루어진다. 그래서 의식은 잠자고 있는 듯하다. 혹시 우리 아이들이 체험하는 하느님도 미디어 프레임 안에 갇혀 계신 것은 아닌지 몹시 걱정된다. 그리고 미디어 세상에서 보여 주는 가상의 하느님을 '진짜'라고 믿는 것은 아닌지. 그것이 두려워 슬퍼하는 나에게 "왜 슬픈데요?"라고 따질까 걱정이 된다.

변화를 위한 선택

우리는 매일 무엇인가 선택하여야 한다. 라면을 먹을까 밥을 먹을까. 친구를 만날까 그냥 집으로 들어갈까. 워크숍을 갈까 극장을 갈까. 이 모든 선택에 의하여 상황은 완전히 달리 주어진다. 이러한 상황들이 엮여 하루가 창조되고 또 그 다음날을 맞이한다. 그리고 우리 인생의 방향이 바뀌기도 한다.

우리는 선택하기 전에 생각하여야 하고 마음을 정해야 한다. 밖으로 드러내기 전에 내면과 먼저 소통한다. 그래서 무엇인가 변화되어야 한다면 생각과 마음을 바꾸고 선택을 해서 행동을 바꾼다. 그러나 기존의 그 무엇에 집착하게 되면 선택은 달라지지 않는다.

이웃이 불행하게 되었을 때, 못 본 척 할 수도 있고 달려가 도와줄

수도 있다. 강자에 의하여 불이익을 당한 약자 편에 설 수도 있고
외면할 수도 있다. 선택에 따라 감수해야 할 책임도 달라진다. 선
택은 해야 한다. 포기하는 것도 선택이다. 외면하는 것도 선택이
다. 중요한 것은 내가 어떤 선택을 해야 더 나아지고 행복해질 수
있느냐는 것이다. 나의 선택이 또한 누구에게 얼마큼의 도움이 되
고 그로 인하여 이 세상이 더 나아질 수 있느냐는 문제이다. '나
하나쯤이야' 하는 생각은 결국 나도 세상도 행복할 수 없다. 우리는
'변화'를 꿈꾸지 않으면 더 나은 나와 세상을 기대하기 어렵다.
　하느님이 창조자이시듯 우리도 창조자가 되어야 한다. 창조는
생명을 선택하는 행위이다. 우리의 모든 선택은 생명이 되어야 하
며 그러기 위하여 안테나를 높이고 소외된 이들의 소리를 들어야
한다. 시간은 창조하라고 있고 상황은 선택하라고 있다. 그리고 창
조와 선택사이에 거대한 변화를 이루며 세상과 소통한다.

'지금' '여기'에서

　우리는 사람들에게 인내하고 온유하기를 바란다. 그러나 자신에
게 먼저 인내하는 것이 무엇보다 더 중요하다. 자신에게 화를 내고
이웃에게 관대한 사람이 있다. 반대로 자신에게 관대하고 타인에
게는 예민하게 반응하는 사람도 있다. 이 모두 안과 밖의 균형을
유지하지 못한 결과이다.

"어떤 사람은 많은 시간을 내어 기도하고 돌아서서 이웃에게 상
처를 준다. 어떤 사람은 구걸하는 이에게 선뜻 지갑을 열어 도와주
면서 이웃의 작은 결점도 참아내지 못하고 분노한다. 이런 사람을
어찌 참된 하느님의 사람이라고 할 수 있겠는가."

– 성프란치스코 살레시오

참된 영성생활은 안과 밖의 갈등이 없어야한다. 살레시오 성인
은 참다운 신심이란 바로 온유함을 실천하는 것이라고 했다. 이 온
유함은 결코 조용하고 점잖은 수동적인 것이 아니다. 온유함은 매
일 깨어 온몸으로 투신하는 역동성 안에 실현하는 구체적인 사랑
의 행위이다. 그래서 평범한 일상에서의 온유의 덕행은 비범하고
특별하며 서비스영성의 가장 근본적인 가치가 된다. 이는 어떤 대
단한 순간에 이뤄내는 역사적 선택이 아닌 '지금' '여기'에서 주어
진 평범한 상황과 실재에서 드러나야 한다. 하느님은 단지 영감이
나 환시에 존재하기보다 지극히 평범한 일상인 '지금'이시기 때문
이다. 살레시오 성인은 "인도에 가서 순교하기를 원하면서도 지금
해야 하는 일에는 소홀히 한다면 이것이 얼마나 터무니없는 일인
가?"라고 한탄하기도 하였다. 우리가 과거에 대한 근심과 미래에
대한 걱정으로 시간을 보낸다면 지금 여기에서 부르는 하느님의
목소리를 듣지 못한다.

돈보스코가 청소년에게 으뜸으로 실천해야 하는 성화의 길이
바로 현실에 충실하는 것이다. 젊은이가 있는 곳이 바로 거룩한

하느님의 현존의 공간이며 젊은이와 함께 하면서 기쁘게 지내며 열심히 일하는 곳이 거룩한 장소이다. 사람들은 청소년들 속에서 일만하던 돈보스코에게 '도대체 그는 언제 기도를 했을까?'라고 의문을 갖지만 돈보스코와 생활한 사람들은 '그가 언제 기도를 하지 않았던가?'라고 반문한다. 지금 여기에서 만나는 이들에게 선을 행하고 주어진 임무에 충실하게 살아가는 것이 성인의 길이며 세상과 소통하는 길이다.

의사소통 능력을 키워라!

우리는 말 한마디에 상처받고 말 한마디에 세상을 얻은 듯 기뻐하기도 합니다. 이는 말이 서로에게 대단한 선물이 될 수 있다는 것을 의미합니다.

– 우리가 나누는 이야기는 주로 '무엇'이며 '누구'에 대한 이야기인가요?

최근에 친한 지인을 만나 나눈 이야기가 기억납니까? 기억을 되살려 적어봅시다.

또한 친구들과 자주 이야기하는 주제는 무엇입니까? 적어볼까요? 서로 비교하면서 우리가 주로 어떤 이야기를 하고 사는지 생각해 봅시다. 자신에 관한 이야기는 있는지요?

– 타인과의 대화에서 의견충돌은 왜 일어날까요?

혹시 최근에 얼굴을 붉히면서 논쟁에 휘말린 적은 없나요? 대화 도중 상처를 받아 지금도 생각하고 싶지 않은 일을 떠올리면서 무엇이 잘못되었는지 생각해 봅시다.

• 대화하면서 혹시 내 판단이 옳다는 것을 전제하고 이야기하지는 않았나요?

• 대화내용이 과격하거나 편협적이었나요?

- 상대방이나 나의 말하는 방식에 문제가 있었나요?

- 잘 경청하지 못한 결과에서 온 오해였나요?

- 조금만 공감해 주었다면 피해갈 수 있는 상황은 아니었나요?

- 서로가 솔직했다면 그런 결과가 없었을까요?

- 처음 의도했던 것을 잊고 감정이 앞서지는 않았나요?

2. 통通하는 길을 찾는 서번트십(Servantship)

돈보스코에게 있어서 교육은 일상의 영성으로 젊은이들이 예수 님처럼 되는 것이 최종 목적이다. 성프란치스코 살레시오의 평생 모토는 "예수님으로 살자!"(Live Jesus!)였다. 예수님을 마음에 모시 라는 의미다. 마음은 생물학적으로 순환계의 중심기관인 심장을 의미하기도 한다. 심장이 멈추면 생명은 끝난다. 심장에 예수님을 모시고 있다 함은 예수님으로서 생명을 이어가는 것이다. 살레시오 성인과 돈보스코는 평범한 사람이 성인이 된다는 것은 상상할 수 도 없었던 당시의 견해를 거슬러 '모든 사람은 성인이 될 수 있다' 는 확신을 가졌다. 살레시오 성인은 평신도들에게 '성인은 헌신적 인 사랑을 실천하는 사람'이라고 하면서 일상의 작은 덕(little virtues)을 살아가는 모든 이는 성인이 될 수 있다고 강조했다. 돈보 스코 역시 청소년들에게 성인이 되는 구체적인 제안을 하면서 그 들로 하여금 성인이 될 수 있다는 확신을 주었다. 첫 번째는 '기쁘 게 사는 것'이며 두 번째는 '하느님과의 관계 안에서 주어진 책임 과 의무를 충실히 하는 것', 세 번째는 '가까운 이웃에게 선을

행하라'고 하였다. 두 성인은 하느님 안에서 '일상에 충실'히 살아
가는 것이 바로 '성인'이 되는 길임을 제시한 것이다.

우리는 일상적으로 성인은 '인격과 식견'이 뛰어난 인물로 기적
을 행하는 몇몇 특정인물에 제한하기에 거리가 멀게 느껴진다. 그
러나 살레시오 영성에서의 '거룩함'에로의 여정은 매우 구체적이
고 현실적인 실천에서 이뤄진다. 우리는 흔히 대단히 어렵고 중요
한 일은 잘하려고 최선을 다하지만 일상적인 작은 일은 소홀히 하
기 쉽다. 살레시오 성인은 이렇게 말한다. "우리는 하느님을 섬기
면서 하느님을 기쁘게 해드리기 위하여 원대하고 고상한 일에만
최대한 노력을 기울이지만 그것만큼 똑같이 작고 보잘 것 없는 일
에도 그렇게 해야만 합니다." 살레시오는 큰일을 잘해내는 것은 매
우 어렵지만 작은 일을 잘해내는 것은 더 쉽지 않겠냐고 반문하면
서 작은 일을 통해 성인이 되라고 초대한다. 그래서 특별한 능력이
나 재주가 없는 평범한 우리는 조금만 노력한다면 작은 일에 충실
한 성인의 여정을 갈 수 있다.

자신부터 섬기자

봉사하기 위해 틈만 나면 필요한 이웃에게 열심히 손을 내어주
는 사람이 있다.

그는 기부도 많이 한다. "저는 월말이면 제 통장에서 돈이 얼마나

나가는지 모르겠어요"라며 매우 자랑스럽게 말한다. 자녀가 넷이나 되는 그는 생활비도 만만치 않게 들어감에도 불구하고 봉사와 기부에 전념하니 대단히 훌륭한 사람일지 모른다. 하지만 가족은 늘 경제적인 곤란을 겪고 있으며 자신도 어디에다 기부하는지 헤아리지 못할 정도이다. 여기저기 기부하려고 사인한 것이 한꺼번에 통장에서 나가니 도대체 어디로 가는지 통 알 수 없는 노릇이다. 형편도 좋지 않은 그는 왜 이토록 기부와 봉사에 집착하는 것일까? 그는 상처가 많은 사람이다. 어릴 때부터 가난하여 힘겹게 살았고 부모로부터 사랑을 제대로 받지 못했다. 그래서 상처받은 내면을 달래고 보상을 해 주지 않으면 안 되는 헛헛함에 자신의 처지에 맞지 않는 봉사와 기부를 한다. 그는 그렇게 해서라도 상처받은 내면을 치유하고 싶었는지 모른다. 그러나 그는 얼마가지 않아 힘들고 지친 상태에서 또 다시 어둠의 나락에 떨어져 헤매어야 했다. 결국 일방적인 열정에 갇혀 자신과 주변을 돌보지 못하고 보상의 행위만 되풀이한 셈이다. 그는 자신을 먼저 돌아보았어야 했다.

　서비스영성의 핵심인 '섬김'은 높은 수준의 '자기인식'에서 시작된다. 곧 자기를 먼저 섬겨야 한다. 자기인식의 부재는 자신을 소외한 결과이며 타인과의 공감대를 형성하지 못하고 공동의 목표를 향해 가는 데 걸림돌이 된다. 자기인식은 곧 자아의 뿌리다. 뿌리가 없으면 기생하여 살 수 밖에 없고 서로가 서로에게 부담과 상처를 준다. 뿌리는 개체로서 존재되지 않으면 나 없는 너, 너 없는 나가 되어 친교의 상호성을 잃게 된다. 자아가 건강해야 서로를 살리는 생태적 '친교'로 뻗어간다. 상호적 친교가 없는 봉사는 진정한 의미에서의 봉사라 할 수 없다. 서비스를 실현하는 데 있어 괴로움과 고통에 직면하고 거기에서 영감을 얻어 생명의 그물망을 짜는 장인의 정신이 무엇보다 중요하다.

섬긴다는 것은 '무엇'이 아니라 '어떻게'

봉사는 하느님께로 향한 섬김과 예배의 행위이며, 이 '섬김'의 정신은 3S영성의 총체적인 결정체가 된다. 서비스영성을 산다는 것은 "첫째가 되고자 하는 사람은 꼴찌가 되어 모든 사람을 섬기는 사람"(마르 9,35 참조)으로서 21세기의 지식기반사회에서의 바람직한 지도자상이기도 하다. '섬긴다는 것'은 시민으로서 의무와 책임을 다하면서 매일을 충실하게 통합하고 아우르며 실천하는 행위다. 평범을 비범하게 일상을 특별하게 그리고 단점을 강점으로 전환하게 하는 구체적 행위에서 서비스영성이 꽃피운다.

'섬긴다'는 것이 무엇인가? 오늘날 종교인뿐만 아니라 경영인들도 섬김과 봉사의 리더십을 이야기한다. 경영학계에서도 서번트리더십이라는 주제가 자주 다루어지고 있다. 1970년대 중반에 로버트 그린리프(Robert K. Greenleaf)가 저술한 『서번트리더십』을 비롯하여 최근 본격적으로 리더십문헌에 자주 등장한다. 그린리프연구소에서는 서번트리더는 경청하고, 공감하며 치유할 줄 알아야 하고 인적자원을 관리하고 봉사하여 조직의 구성원들의 성장을 도모하여 서로 봉사하는 진정한 의미의 공동체를 건설하는 사명을 안고 있음을 강조한다. 예수님이 바로 이러한 서번트십으로 위대한 리더십을 발휘한 모델이다. 그래서 CEO들도 성경에서의 예수님의 서번트리더십을 배워야 한다고 외친다.

　이제 더 이상 '섬김'은 그리스도인들만의 언어가 아니다. 그러나 중요한 것은 서번트십은 '무엇'이 아닌 '어떻게'다. '무엇'에 따른 서번트십은 적절한 결과를 목적으로 하는 전략이 함께한다. 그러나 '어떻게'는 직위에 따라 힘을 발휘하는 것이 아니라 관계에 의한 힘에서 움직이는 것을 의미한다. 다시 말하자면 '무엇'은 소유로 정착되며 '어떻게'는 존재로 방향 지워진다. 목표와 결과가 아닌 주어진 일상에서의 과정에 '어떻게'다. 이는 미래의 비전을 열어주며 전통적으로 주어진 '답'이 아닌 상황에 따른 대처능력으로 '어떻게'를 해낸다. '섬김'은 압력에 의한 맹목적인 순응이 아니라, 자발성과 합리성 그리고 완전한 자유에서 오는 강인하고도 자신감 있는 선택이다. 모호한 감상과 순응에 의한 서번트십은 서비스영성에서 커다란 장애가 된다. 그러므로 섬긴다는 것은 스터디와 스마일의 두 날개가 동반되어야 한다. 건강하고 균형 잡힌 사고능력에 기초한 섬김의 정신은 메아리가 되어 행복한 세상을 만든다.

1878년 토리노 지사가 돈보스코에게 소년원을 위탁 운영해 달라고 요청하자, 돈보스코는 장관께서 이를 허락하지 않을 것이라고 말했다. 지사가 의아해하자, 돈보스코는 "저의 교육방법은 종교교육의 완전한 독립에서 나오는데 정부에서 동의하기 어려울 겁니다"라고 말했다. 그의 말대로 장관은 '돈보스코는 원생들을 전부 사제로 만들 것'이라며 거절했다고 한다. 많은 사람이 돈보스코에게 예방교육의 성공 비결을 물으면 그는 '종교 없이는 완성될 수 없다'라며 '종교는 참된 행복의 유일한 원천'이라고 서슴없이 답하곤 했다.

1875년, 오라토리오를 방문한 몇몇 손님들은 돈보스코의 아이들이 자습실에서 자율적으로 조용히 공부하는 것을 보고 매우 놀라워했다고 한다. 놀란 그들은 안내하던 돈보스코에게 물었다.

"아이들을 감시하는 사람들이 많이 있나 봐요!"

"감시할 사람이 어디 있습니까? 인력도 부족한데요."

"그럼, 아주 엄격하게 교육을 시키나 봅니다."

"전혀요. 저희들은 강압적으로 교육하지 않습니다."

"그렇다면 어떻게 저 많은 아이들이 한 교실에서 저렇게 조용할 수 있답니까?"

"우리 아이들은 처벌이 두려워서가 아니라, 하느님의 현존을 느끼기에 그러합니다. 하느님을 경외하고 자주 성사를 보는 젊은이들에게는 기적도 일어납니다.”

돈보스코의 오라토리오의 모든 규칙과 규율은 오로지 하느님의 현존과 양심에 토대를 둔다. 그러면서 강압교육은 잘못을 저지를 때 처벌을 가하지만 예방교육은 자발적으로 선택할 수 있도록 온유하고 친절한 사랑으로 인내한다. 자유의지로 자율적으로 선택할 수 있는 용기는 함께하는 서비스영성에서 가장 중요한 요소이다. 누가 원해서도 강요해서도 아닌 오로지 하느님의 사랑과 자비로 이웃에게 손을 내밀 수 있다는 것이 바로 ‘기적’이며 세상을 향한 최고의 선물이 된다.

사람이 선물이다

내가 힘들게 무엇인가 노력하면서 쌓아 올려나갈 때 행복하다. 그러나 생각지도 않은 순간 누군가에게 거저 ‘선물’을 받았을 때 정말 행복하다. 선물은 크든 작든 매우 소중하다. 작은 것도 아름답고, 작을수록 더 행복할 수 있는 것이 ‘선물’이다. 선물이기 때문에 그렇다. 선물은 물건 자체에 의미가 있는 것이 아니라 주는 사람의 ‘마음’에 있다. 엄청난 고가로 사들인 명품보다는 거저 얻은 작은 ‘선물’이 더 행복한 것은 마음을 받았기 때문이다. 그런데 사람보다 더 큰 선물이 어디 있을까. 사람이 ‘선물’이다. 사람이 꽃보다 아름답다고 하듯 그 어떤 것보다 행복하게 해 주는 것은 바로 사람이다.

함께하는 사람이 즐겁게 살아주는 것도 선물이며, 볼 때마다 환한 미소를 지어줘도 고마운 선물이다. 게다가 평화와 온유함을 실천하는 사람이 주변에 있다면 이보다 더 큰 선물이 또 어디 있을까.

대단한 일을 해내는 카리스마적인 사람도 소중하지만 평범한 일상, 고통스러운 순간에 언제나 평화롭게 존재해 주는 사람은 대단한 서번트십을 발휘하고 있다고 하겠다. 이런 사람은 드러나지 않지만 마음을 평화롭게 따뜻하게 해 주기에 이보다 더 큰 봉사는 없다. 그러므로 스타처럼 나타나 우리를 깜짝 놀라게 하는 봉사를 하고 사라지는 사람보다 조용히 언제나 그 자리를 지켜 주는 사람은 우리 인생의 최고의 선물이 된다.

마음을 낮추고 몸을 움직여야 通통한다

서비스는 구체적인 '몸'의 '움직임'에서 비롯된다. 이는 자신을 낮추지 않으면 불가능하다. 이웃에게 먼저 다가가 인사하거나, 물건을 들어주거나, 거리의 휴지를 줍고 자리를 양보하는 등의 작은 움직임조차도 자신을 스스로 낮추지 않으면 안 된다. 서비스정신은 낮추며 움직이는 것이다. 이는 규정에 의한 기계적인 몸놀림이 아닌 적극적이고도 능동적인 유연한 태도이다. 이러한 태도도 연습하지 않으면 불가능하다.

누군가 물건을 힘들게 들고 가는데, 그저 멀뚱 바라보기만 하는 사람이 있는가 하면, 달려가 함께 들어주는 사람도 있다. 바빠서 정신없이 일하고 있을 때 옆에 앉아있는 동료는 채팅을 하는데, 잠깐 방문한 다른 과의 동료는 급히 달려와 정리를 함께 해 준다. 물론 도와주지 않는 사람도 할 말은 있다. "도와달라고 하지 않으니까", "바쁜 줄 몰랐다", "혼자 할 수 있다고 생각했다" 등등. 결국 자기가 그 상황을 어떻게 인식하느냐에 따라 다르다. 그러나 도와달라고 하지 않아도, 혼자 할 수 있다고 판단이 되도, 함께해 줄 때 뜨거운 소통을 느낀다. 작은 일에서도 함께하려는 태도는 다른 이에게 커다란 울림이 되어준다.

민족의 선각자인 도산 안창호 선생은 한때 미국에서 민족의 자존심을 잃고 살아가는 한인들의 모습에 수치심을 느꼈다고 한다. 거리는 더럽고 대낮부터 술을 마시고 행패를 부리는 한인들을 보면서 고민하다가, 하려던 공부를 미루고 빗자루와 걸레를 챙겨 거리에 나가 청소하기 시작했다. 처음에는 이웃 한인들이 비웃고 거들떠보지도 않았지만, 한결같은 그의 겸허한 태도에 차츰 동요가 일면서 존경스러운 마음에 '선생님'이라 칭하였다고 한다. 낮은 자의 움직임은 거대한 울림이 되어준다.

모두가 통通하는 '그물망'을 엮어라!

안테나를 높이자!

오로지 '나'의 자리에서 내 것만 보고 살아간다면 세상을 버린 것입니다. 세상 속에 살면서 세상의 일에 무관심하다면 세상은 나를 외면할 것입니다. 우리가 얼마나 이웃과 연대하는지 생각합시다.

- 재난을 당하는 지역에 대한 관심으로 구체적인 정보탐색을 해 본 적이 있나요?
- 건강한 시민정신을 살아가기 위한 동아리나 동호회에 관심을 둔 적이 있나요?
- 우리보다 가난한 나라에 자선활동을 해 본 적 있나요?

구체적인 방법을 찾아라!

생태적 연결고리는 카리스마적인 리더의 명령에 있지 않으며 명석한 과학자의 연구에서 찾아내는 것도 아닙니다. 평범한 일상에서 구체적이고 실제적인 행동에서 시작됩니다.

- 나는 태안 기름유출사고의 피해극복을 위하여 어떻게 노력하였나요?
- 불우이웃을 위하여 전화비 1,000원이라도 기부한 적이 있나요?
- 재난과 홍수로 피해를 입은 지역에 헌 옷이나 문구류 등을 보낸

적이 있나요? 또한, 함께 돕자고 누군가에게 제안한 적이 있나요?

함께하라!

미국에서 아름다운 청년으로 추대된 대니 서는 12살 때 친구들 몇 명과 함께 '지구환경2000'이라는 환경단체를 만들어 이끌었는데 나중에는 미국에서 가장 큰 청소년 환경단체가 되었답니다. 헬렌 켈러는 혼자서 할 수 있은 일은 작지만 함께할 때 우리는 큰일을 할 수 있다고 합니다. 그렇습니다. 꿈은 혼자 꾸면 꿈으로 남지만 함께 꾸면 현실로 이루어질 수 있습니다.

- 혼자 일하면 잘하는데 누군가 함께하려고만 하면 부담스럽습니까?
- 내가 필요할 때는 이웃을 부르면서 이웃이 도움을 요청할 때 거절한 적 있습니까?
- 직장이나 교회에서 함께하는 이벤트를 추진할 때마다 빠져나갈 궁리를 합니까?
- 동료들과 함께 의견을 모아야 할 때 수용하기보다는 내 주장을 더 관철하려 합니까?

3. 관심이 생명을 양육한다

나비의 날갯짓이 세상을 움직인다

우리가 사는 곳의 지구 반대편에 있는 나비가 날갯짓을 하면 후에 우리가 사는 이곳에서 태풍이 올 수 있다는 기상학적 연구에서 비롯된 '나비효과'라는 말이 있다. 지구 끝의 작은 자연현상이 언뜻 보면 아무 상관없어 보이지만 먼 곳까지 엄청난 영향을 미치고 있다. 이 세상 어느 것 하나 연결되지 않은 것이 없다. 호수에 작은 물방울만 떨어져도 저편까지 파도가 인다. 산위의 작은 메아리는 산 너머 멀리 퍼져나간다. 미세하지만 분명 서로 연결되어 점점 확산된다. 좋은 변화이든 나쁜 변화이든 어딘가에 그 시작이 있다. 우리는 생태적 상호 의존성 안에 산다. 폐기물도 먹이도 결국 순환의 고리를 잇게 해 주는 소중한 관계이다. 누구에게는 작은 날갯짓에 불과하지만 또 다른 이에게는 엄청난 폭풍이 될 수도 있다.

서비스정신은 생명의 모든 과정을 포함한다. 나에게서 너로 또 너에게서 우리로 순환되는 인간공동체는 서로 다르기에 유연함과 협력관계가 요구된다. 그래서 작지만 움직여야 하고 평범하지만 소중하다. 어떤 적절한 이익을 산출하는 특별한 순간의 '무엇'을 향한 대단한 서번트십이 아니다. 작은 모래알만한 돌이 거대한 호수도 움직일 수 있다는 확신으로 미약한 날갯짓에 희망을 품고 세상의 변화를 꿈꾸어야 한다.

섬김은 '관계그물'을 엮는 과정이다

현대인은 불안하다. 모든 것을 다 아는 것 같고 모든 것을 손에 쥐고 있는 것 같아 온갖 것을 누리는 듯하지만, 행복하지 않다. 이리저리 둘러봐도 상쾌하고 개운한 이야기보다는 칙칙하고 무겁고 부담스러운 일들로 이어진다. 신문이나 인터넷뉴스는 '문제'로 가득하고 우리는 그것을 매일 소비하며 산다. 순간 눈을 떠 세상을 보면 공상과학영화에서의 주인공인 양 나비처럼 날아다니는 듯하다가 어느 순간 어두운 지하방 구석에 누워 있기도 한다. 자신이 꿈속에서 나비가 되었는지 나비가 자신이 되었는지(호접지몽胡蝶之夢)알 수 없는 혼란스러운 세상에서 그럼에도 불구하고 '나'홀로가 아닌 '우리'이기에 희망은 있다.

신과학자 프리초프 카프라는 이 시대의 새로운 비전이란 '모든 현상은 기본적으로 상호 연결되어 있고 서로 의존'한다는 것을 깨닫는 데 있다고 한다. 이는 세계를 관계와 통합의 측면에서 보는 시스템적 견해다. 즉 기계는 만들어지고 구조에 의해 결정되지만, 유기체는 자라기에 과정에 의해서 결정된다. 기계는 미리 정해진 방법으로 제조하고 생산하지만, 유기체는 새로운 환경에 적응하도록 하기에 고도의 내부적인 융통성과 유연성이 요구된다. 유기체의 핵심은 피드백이며 연결고리다. 그러므로 무엇보다도 '연결고리'에 애정을 지닐 필요가 있다. 나는 너와 연결되어 있는지, 내 것은 네 것과 이어지는지, 내 가족은 세상과 어떻게 연대하며 살아가고 있는지. 서로 고리가 될 수 있도록 구체적인 방법을 찾아 실천하는 것이 이 시대의 '섬김'의 영성을 살아가는 중요한 핵심이 된다.

『나에서 우리로』(해냄)라는 책의 주인공인 두 형제는 세계 어린이들에게 교육의 기회를 열어주기 위해 'Free the Children(어린이에게 자유를)'이라는 단체를 설립했고 전 세계 100만 명의 굶주린 아이들을 돕는다. 돈과 명예의 유혹을 과감히 뿌리치고 그것이 행복을 보장하지 않는다는 것을 확신하는 이 형제는 '나'에서 '우리'로의 그물망을 펼쳐가면서 남을 돕는 것이 곧 자신을 돕는다는 확신을 준다.

특히 이 책의 첫 장을 열면 킴퍽의 글이 소개된다. 1972년 베트남전 당시 마을에 네이팜탄이 떨어져 엄청난 화상을 입고 알몸으로 거리로 뛰어나와 울부짖으며 도와달라고 외친 소녀가 카메라에 잡힌 적이 있다. 이 사진의 주인공은 바로 킴퍽이다. 그녀는 이 사진으로 유명해졌지만 사진 속의 소녀라는 꼬리표는 이어졌고, '왜 하필이면 나'인지를 괴로워하기도 했다. 그러나 킴퍽은 사진 속에 갇힌 소녀로 남아있지 않았다. 그녀는 자신을 도와준 의사를 보면서 희망을 보았고 삶의 의미를 찾고자 종교에 관한 책을 읽으면서 하느님의 존재를 알게 되었다. 그리하여 그녀는 킴 재단을 설립하고 전쟁과 테러리즘에 고통 받는 어린이들에게 치료비를 지원한다. 그녀는 말한다. "나는 시간에 매몰된 채 영원히 사진 속의 소녀로, 희생자로 머물 수도 있었다. 하지만 이제는 더 이상 달아나지도 않으며 희생자도 아니다. 내 생명을 구한 것은 그 사진이었지만, 내 생명이 구할만한 가치가 있었다는 확신을 심어준 것은 다른 사람들에게 다가가려는 나의 노력이었다." 즉 타인을 향한 노력이 곧 자신을 위한 치유가 된 것이다.

킴펵은 사진 속에 갇힌 '나'로부터 '그늘'에게 다가삼으로써, 행복한 '우리'를 만들어냈다. 이러한 과정은 그녀가 고백했듯이 자신의 구체적인 노력의 결과다. 사회와 세상 속에 능동적이고 자발적으로 뛰어들어 '우리'를 만나야 한다. 그리하여 다양한 신호에 주파수를 맞추면서 타인의 생각과 감정을 인지한다. 세상을 엮어내기 위해서는 유기적인 생태시스템에 열려 머리로 알고(Study) 가슴으로 느끼며(Smile) 확고한 선택의 행위(Service)로 3S영성의 행복 트라이앵글을 완성한다.

지식기반사회에서 '사람'은 존재 자체의 가치보다는 '지식'의 상품화를 통한 이윤으로 존재가치가 정해지기도 한다. 그래서 각자의 이익을 위하여 네트워크를 형성하고 친교를 나누는 능력이 요구된다. 그러다 보니 지향해야 하는 인간상의 모습과 가치는 부가가치에 의하여 결정되고 만다. 분명 이 시대는 서비스영성이 추구하는 '연결망'을 최고의 가치로 삼고 있다. 그러나 목표가 다르면 전략에도 확연한 차이가 있어 지향하는 인간상은 달라질 수밖에 없다. 결국 '우리'만의 생존을 위한 몸짓은 '너희'가 죽을 수도 있다는 것을 간과하게 한다. 이러한 선택은 주체로서의 '우리(We)'가 아니라 도구로서의 '우리(Us)'가 된다. 그러므로 서비스영성은 '사람'을 위한 '사람'을 살리는 자발적인 선택과 행동으로 나에서 '우리'로서의 존재가치를 구현하고 '나에게 영혼을 주고 나머지는 다 가져가라!'라고 외칠 수 있어야 한다.

관심이 기적을 낳는다

『인생의 작은 법칙들』에서 피터 피츠사이몬스는 1968년 하버드 대학교 심리학 교수들의 '관심'에 대한 연구내용을 소개한다. 연구팀이 샌프란시스코의 한 초등학교에서 전교생을 대상으로 지능검사를 실시하였던 것이다. 그런 후 검사결과와 상관없이 무작위로 한 반에서 20%정도의 학생들을 뽑아 그 학생들의 명단을 교사에게 주었다. 물론 지적 능력이나 학업 성취 가능성이 매우 높은 학생들이라고 믿게 하면서 말이다. 8개월 후, 이전과 똑같은 지능검사를 다시 실시했는데, 그 결과 명단에 속한 학생들은 다른 학생들보다 평균지능이 훨씬 높게 나왔다는 것이다. 그뿐만 아니라 학교성적도 크게 향상되었다고 한다. 명단에 오른 학생들에 대한 교사의 믿음, 관심, 그리고 기대가 크게 작용하여 기적 같은 결과를 창출해낸 것이다.

돈보스코 성인은 "사랑하는 것만으로는 부족합니다. 사랑받는다고 느끼게 하십시오"라고 했다. 언제 우리는 사랑받는다고 느낄까? 자신을 알아줄 때, 믿어줄 때, 선물을 받을 때 등 때로는 사랑스럽게 건네는 눈빛 하나에도 사랑을 느낀다. 사랑하고 사랑받는 일이야말로 우리를 살게 하고 우리에게 생명을 주는 최고의 행위이다. 사랑을 주고받는 것은 곧 선물을 주고받는 것이다. 나의 소중함을 알고 나를 사랑힌디면 디인의 존재도 얼마나 소중하고 귀한지 알 수 있다. 그러므로 나를 사랑하듯이 타인과 세상도 사랑할 수 있어야 한다.

발도코 기숙사에서 어린소년이었던 키우미나티가 우울증으로 슬픔에 젖어있었다. 돈보스코는 그의 아픔을 알아채고 그에게 다가가 특별한 관심을 보여 주었다. 그러자 소년은 눈물을 글썽거렸다. 소년은 본능적으로 사랑받고 있음을 느낀 것이다. "뭐가 힘드니?" "아는 사람이 아무도 없어요." "내가 너를 위해 무엇을 해 주었으면 좋겠니?" "공 하나만 주세요." 다음날 키우미나티는 돈보스코에게 공을 선물 받았다. 그 후 아이는 우울증이 사라졌다고 한다. 어찌 공 하나로 아이의 우울증이 치료될 수 있을까. 소년에게 있어서 '공'은 단순한 놀이기구가 아니었다. '공'은 소년과 돈보스코가 만나는 관심과 소통의 장이며 친절한 사랑의 공간이 된 것이다. 작은 관심 그러나 엄청난 생명을 주는 사랑의 행위 여기에서 서번트십은 시작된다.

돈보스코는 언제 어디서 누구를 만나든 특히 젊은이라면 더욱더 관심을 기울인다. 그래서 성직자를 경멸하는 깡패두목도 돈보스코의 관심 망에 걸려들어 감동을 받는다. 우리는 모두 관심 받고 싶다. 특히 청소년들은 관심 받기를 목말라하며 반항도 하고 일탈도 한다. 돈보스코는 젊은이 한 영혼을 위해서라면 자신의 목숨까지도 바칠 수 있다고 했다. '관심'은 반드시 희생과 함께한다. 말로만 보이는 관심은 우리가 싫어하는 잔소리일 수 있다. 소크라테스는 "사람은 먼저 자기 자신을 움직여야 세상을 움직일 수 있다"라고 한다. 관심의 능력을 자라게 하는 좋은 방법은 청소년들이 느끼는 감정을 자유롭게 표현하도록 하는 것이다. 억압하지 않고 자연스럽게 분출하게 해 주어야 자신을 알고 자신을 다스리는 방법을 찾아 진실하게 세상을 대한다.

울림에서 어울림으로

여유 없고 긴장 팽배한 사회일수록 타협하려 하지 않는다. 타협이 없는 곳에는 중립이 존재하기도 힘들다. 중립은 차지도 뜨겁지도 않은 그저 어정쩡하게 중간위치를 차지하는 것 같다. 그래서 오른쪽 아니면 왼쪽에 서야 할 것 같다. 그러나 중립은 자신을 지키기 위한 자리가 아니다. 우든 좌든 도덕과 양심의 편에 서서 함께 살아갈 수 있도록 손을 내밀고 타협하는 것이다. 진실을 향한 열정은 이념 이면에 있다. 이념적 투쟁은 편을 가르고 대결하려 하며 양심과 도덕마저도 칼자루로 사용한다. 그러나 진실을 갈망하는 중립은 함께하는 세상에서 '어울림'을 꿈꾼다. 어울림은 울림의 작품이며 서로의 탐욕을 내려놓아야 가능하다.

한 처음에 말씀이 있으셨다. 말씀은 파동을 타고 울림이 되어 잠자던 하늘과 땅을 쾅쾅 흔들어 깨우고 빛과 어둠을 갈랐다. 땅위에는 동물이, 물에는 생물이 그리고 하늘에는 새들로 가득하디. 그리고 하느님께서 세상만물을 따뜻하게 감싸라고 사람을 지어내셨다. 서로의 생명을 보살펴 아름다움을 연주하며 어울리며 살아가라는 사명이다.

어울림은 울림에서 완성된다. 세상은 소리로 가득하지만 모든 소리가 울림이 되는 것은 아니다. 노래를 부를 때 목에서만 나오는 소리는 울리지 않는다. 그러나 배와 머리등의 신체 내에서 어우르고 감싸는 소리의 진동은 공기 입자의 파동으로 바뀌어 널리 퍼지는 울림이 된다. 이는 몸과 영혼의 통교를 말한다. 아무리 좋은 악기와 훌륭한 연주를 해낸다고 할지라도 통교할 수 없는 장소에서는 울림을 주지 않는다. 아무것도 없는 바닷가 언덕이나 고립되어 있는 동굴에서의 연주는 소음이 되고 만다. 파동을 매개해 주는 그 무엇과의 통교를 이뤄내야 한다. 함께 어우러져야 하는 것이다.

고대로부터 내려와 하늘과 땅의 친교를 알리는 북은 자신을 온전히 비워 몸통안의 울림으로 증폭되어 우리의 영혼을 깨우는 위대한 울림이 되어주었다. 북은 자신을 온전히 비움으로써 소리를 낸다. 혼자가 아닌 다른 악기들과의 어울림으로 천지의 울림이 된다. 단순한 속도와 강약만으로 자연과 신의 소리로 다가온다. 우리는 비우는 연습을 해야 한다. 모든 집착에서 자유로워져야 비로소 어울리는 '우리'가 된다.

복잡한 그물망이 통通하는 길이다

함께 살아가는 공동체는 건물이 아니라 그물이어야 한다. 정해진 틀이나 규정은 생태계를 유지시키는 '피드백'에 둔감하다. 시시각각으로 변하여 상황에 따라 움직이는 그물에 자신을 온전히 맡겨 서로의 감정과 체온을 느끼면서 순환의 고리를 이어가야 한다. 벽돌처럼 쌓아서 연대하는 것이 아니라 복잡한 패턴으로 얽혀 있는 그물망의 연대여야 한다. 프리초프 카프라는 우리 인간 공동체가 받아들여야 할 명백한 교훈은 '자연이 순환적인 데 비해, 우리의 산업 시스템이 직선적이라는 사실'이라고 한다. 직선적인 산업 시스템은 끊임없는 폐기물을 만들어내면서 유지하지만 순환하는 전체로서의 생태계는 거의 아무런 폐기물도 남기지 않고 생명을 이어간다. 그러므로 우리는 보이지 않고 들리지 않는 것까지도 귀히 여기면서 무엇이든 엮어가는 장인이 되어야 한다. 싫어도 미워도 추해도 달라도 끌어안고 소중히 여기자.

언젠가 세계에서 가장 큰 나무가 있다는 캘리포니아의 국립공원에 갔었다. 커도 너무 커서 끝을 볼 수 없는 레드우드(Redwood), 내가 작아도 이렇게 작은가 싶었다. 그것도 나무들이 서로 한데 어울려 '덤빌 테면 덤벼라!' 하는 기상이 내 온몸을 휘감고 짜릿하게 저려오는 듯 했다. 그러나 가까이 다가가니 거대한 나무들은 그저 '함께'하니 좋은 평범한 가족이었다. 웅대한 기상을 느끼게 하는 나무들의 위풍당당함은 거대한 외모가 아닌 내면 깊숙이 숨어있는 친교와 어울림의 정신에 있었다. 함께하기 위하여 얼마나 많은 것을 감내하는지를 보여 주는 아름다운 가족영성을 살아가는 레드우드였다.

뿌리 얕은 나무도 흔들리지 않습니다.
뿌리가 얕아도 가뭄을 타지 않으며 흔들리지도 않을 뿐더러
세계에서 제일 크고 높음을 자랑하는 나무가 있다면 믿겠습니까?
그것도 한 점 구부러짐 없이 똑바르게 자라고 모진 비바람이 불어도 불이 난다 해도 쉽게 죽지 않는 나무가 있다면 믿겠습니까?
죽어 잘려나가더라도 곰팡이나 벌레, 부식에도 강해 옥외 마루나 담장으로 요긴하게 쓰이며 색깔도 아름답고 목질도 부드러워

가공물에도 귀히 쓰인다면 믿겠습니까?

세계 최대의 부피와 크기를 자랑하며 보통 키가 100미터 이상 자라고 밑동은 지름 10미터를 넘나드는 저는 바로 레드우드라고 합니다.

제가 이렇게 자랄 수 있는 이유는 단 한 가지

가족과 함께 공동체를 이루며 자라기 때문입니다.

저는 땅 밑으로 뻗지 못하는 대신에 옆으로 25미터 이상 번지면서 한 뿌리에서 여러 그루 자라게 됩니다.

나는 한 뿌리에 연결되어 공동체를 이루며 살아갑니다.

줄기자체가 땅속에서부터 갈라져 나옵니다.

그래서 사람들은 어떤 나무가 모계인지 잘 알아보지 못합니다.

맞습니다.

우리는 모두 어머니 역할을 합니다.

뒤늦게 자란 막내가 어머니 자리에서 죽어가는 가지를 대신하기도 합니다.

늙은 할아버지 나무는 불에 심하게 타서 죽을 지경에 이르러도 자신에게서 새로운 생명을 받은 다른 줄기들에게 영양분과 수분을 나누어 줍니다.

이것이 거목의 특징입니다.

거목을 지탱해 주는 힘은 깊은 뿌리에서만 나오는 것이 아니라 '함께'하는 가족사랑에 있습니다.

186

함께한다는 것은 가족 안에서 너의 고통과 나의 기쁨이 그리고 너의 행복과 나의 설움이 모두 뒤범벅되어 '생명'을 키워가는 것입니다.

이것이 가족 영성입니다(김용은, 『세상을 감싸는 따뜻한 울림』 참조).

인물과 함께하는 서번트십

우리에게는 닮고 싶은 성경인물과 성인들이 있습니다. 그들의 이름을 떠올리며 닮고 싶은 것이 무엇인지 생각합니다. 시대와 문화 그리고 이념과 사상을 뛰어넘어 모두를 통하게 하는 이 '감동'은 어디에서 올까요?

내가 존경하는 인물이 누가 있습니까? 성경인물이나 성인 그리고 현대사상가도 있을 수 있겠죠. 인물을 선택한 후 더 구체적인 정보를 수집하여 구체적인 서비스영성의 사례를 찾아봅니다. 청소년들과 함께할 때 '존경하는 인물에게 주는 서번트십 상장'을 만들어보는 것도 좋겠지요. 상장문구는 물론 서비스정신을 토대로 정리합니다.

나에게 주는 상장도 만들어 봅시다.

나도 상장을 받을만한 자격이 있다는 확신이 들면 좋겠지만 그게 미흡하다면 노력해 보겠다는 의지를 살리면서 자신에게 희망을 주십시오. 청소년들은 미래가 있으니 '10년 후 나에게 주는 서번트십 상장'을 만들면서 서비스영성을 살려는 각오를 다집시다.

＊희망하는 직업이나 현재의 직업을 생각합니다.

＊자신이 펼치고 싶은 여러 가지 분야의 일들을 구상하여 설계합니다.

＊서번트십을 발휘하여 자신 있게 할 수 있는 일들을 구체적으로 적어봅니다.

＊위의 항목과 연관하여 자신이 실현할 수 있는 구체적인 사례를 적어봅니다.

＊위의 내용을 정리하여 준비된 상장종이에 '자신에게 주는 서번트십 상장'을 정성껏 만듭니다. 상장문구는 서비스정신에 근거하여 정리합니다.

＊특별한 이벤트를 만들어 서번트십 상장 수여식을 합니다.

'나'는 할 수 있다

함께하려면 서로 다른 것을 통합하고 조화를 이뤄나갈 줄 알아야 합니다. 왜소하고 보잘것없는 것까지도 수용하여 더 빛나게 만들 때 비로소 아름다운 공동체를 이뤄나갈 수 있습니다. 서비스영성은 모든 영성의 시작이며 마지막 그리고 통합이며 결정체이기도 합니다. 아래 도나조하가 제시한 영성지수가 바로 서비스영성의 역량이기도 합니다. 큰소리로 읽어볼까요. '할 수 있다'는 자신감으로 '나는'이라는 부분에서 더욱 힘 있게 외칩니다.

　－나는 유연해질 수 있는 역량을 발휘한다.

　－나는 높은 수준의 자기인식을 지니고 있다.

　－나는 괴로움에 직면해서 활용하는 역량을 지니고 있다.

　－나는 고통에 직면해서 초월하는 역량을 지니고 있다.

　－나는 비전과 가치에서 영감을 얻는 능력이 있다.

　－나는 불필요한 해를 끼치는 것을 꺼려한다.

- 나는 다양한 것들 사이의 연관을 보는 성향을 지녔다.

- 나는 '왜'라든지 '…하면 어떨까?'라는 질문을 하고, '근본적인' 답을 찾으려는 뚜렷한 성향이 있다.

- 나는 인습에 역행해서 행동할 수 있는 능력을 소유하고 있다(도나 조하, 『SQ』 참조).

❖ **서비스영성은…….**

– 서비스영성은 '다름'이 '통'하는 길이다.

– 서비스영성은 일상을 비범하게 해 준다.

– 서비스영성은 딱 좋은 균형을 이뤄낸다.

– 서비스영성은 작은 것을 위대하게 한다.

– 서비스영성은 거룩한 신앙고백이다.

❖ **말씀묵상**

"첫째가 되고자 하는 사람은 꼴찌가 되어 모든 사람을 섬기는 사람이 되어야 한다"(마르 9,35: 공동번역).

"주님이며 스승인 내가 너희의 발을 씻었으면, 너희도 서로 발을 씻어 주어야 한다. 내가 너희에게 한 것처럼 너희도 하라고, 내가 본을 보여 준 것이다. 〔…〕 이것을 알고 그대로 실천하면 너희는 행복하다"(요한 13,14-15.17).

"나의 형제 여러분, 누가 믿음이 있다고 말하면서 실천이 없으면 무슨 소용이 있겠습니까? 그러한 믿음이 그 사람을 구원할 수 있겠습니까?"(야고 2,14)

Chapter 4

3S의 비밀

돈보스코의 예방교육영성(The Preventive System of St. John Bosco)

　　이태리 토리노에 300여 명의 소년들이 수감된 소년원이 있었다. 돈보스코는 그곳을 방문하면서 아이들과 친구가 되었다. 그러던 어느 날 소년원의 소장에게 아이들을 데리고 소풍을 가게 해달라고 부탁했다. 소장은 화들짝 놀라 말도 안 된다며 단번에 거절했다. 하지만 돈보스코는 포기하지 않고 장관에게 찾아갔다. 장관은 사복 경찰들을 배치하겠다는 조건을 제시했다. 그러나 돈보스코는 "아무런 감시원도 우리를 호위하지 말아 주십시오. 모든 것은 제가 책임지겠습니다. 만일 누군가가 달아난다면 저를 대신 형무소에 잡아 가두십시오." 장관은 이에 어이없다는 듯이 웃으면서 "돈보스코, 경찰이 감시하지 않으면 결코 한 명도 돌아오지 않을 겁니다"라고 말했다. 그러나 돈보스코는 한 사람도 빠짐없이 모두 돌아올 것이라는 약속을 하고 마침내 허락을 얻어내고야 말았다. 이 소식을 들은 소년원의 아이들은 너무 기뻐 어쩔 줄을 몰라 했다. 돈보스코는 기뻐하는 아이들에게 이렇게 말했다. "나는 여러분을 믿습니다.

장관께 여러분은 틀림없이 나와 함께 돌아올 것이라고 약속을 했습니다. 그리고 경관이나 사복경찰도 절대로 보내지 않겠다는 다짐도 받아 냈습니다. 혹시나 여러분 중에 한 명이라도 이 약속을 지키지 못한다면 나는 여러분을 더 이상 만날 수 없을 겁니다." 그러자 그들은 잠시 수군거리더니 "신부님 약속합니다"라고 대답했다.

따사로운 봄날, 아이들은 뛰고 달리고 소리치며 돈보스코와 농담을 하며 소풍 길에 나섰다. 그렇게 즐겁게 하루를 보내고 돈보스코를 당나귀 등에 태워 고삐를 잡아당기면서 노래하며 소년원에 돌아왔다. 도착하자마자 형무소장은 급히 수를 세고 있을 때 돈보스코는 한 사람 한 사람 미소 지으며 아이들과 인사를 나누었다. 그러면서 아이들을 겨우 하루밖에 자유롭게 해 줄 수 없음에 마음 아파했다. 드디어 모두 돌아왔다는 보고를 받은 장관은 승리나 한 것처럼 기뻐하며 외쳤다. "아니, 돈보스코는 해내는데, 왜 우리는 못하는 거죠?" 돈보스코는 대답했다. "당신들은 명령하고 체벌하기에 그 이상의 것은 할 수 없습니다."

예방교육영성의 트라이앵글

이성(reason), 친절한 사랑(loving kindness), 종교(religion)

과연 돈보스코 교육방법의 비밀은 무엇일까? 오늘날 100여 국이 넘는 나라에서 4만여 명의 남녀 살레시오 수도자들과 수십만의

동역자들은 돈보스코의 교육
방법에 특별한 그 무엇이 있음
을 안다. 여기에는 예방교육영
성의 세 가지 핵심요소인 이성
(reason), 종교(religion), 친절한
사랑(kindness)을 말하지 않을

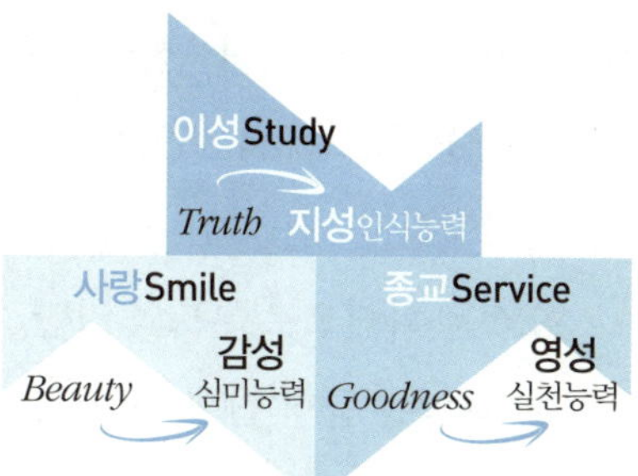

수 없다. 이 세 가지 요소는 트라이앵글처럼 서로를 지탱해 준다. 살
레시오수녀회는 이 세 가지 요소를 현대 지도자와 청소년들에게 맞
게 '3S영성(STUDY, SMILE, SERVICE)'으로 재구성 하였다. 그리고 이
영성으로 교육자로서의 리더십과 청소년의 리더십교육을 실시한다.
3S의 뿌리인 예방교육영성을 간단하게나마 실펴보려 한다.

이성(reason), 참으로 인간적인 로고스(logos)

> 돈보스코가 말하는 이성은 추론기능을 의미하며, 젊은이
> 들에게 '진리와 선'을 따를 필요가 있다는 확신을 주는 중요
> 한 기능을 지니고 있다.
>
> – 아브라함 파남파라(Abraham Panampara)

이성(reason)은 지성을 지닌 인간의 모든 행위 속에 존재한
다. 이는 실천적인 판단력과 신중함과 이해력 즉 합리성
(resonable)을 의미한다. 또한 지적인 발달요구와 상황에

의한 인식능력이며 '진리와 선'을 추구하는 '참된 앎'의 사
용기술능력으로서 3S영성의 '스터디(Study)'로 표현된다. 스
터디영성은 '진리가 나를 자유롭게 해 주리라'(요한 8,31-32
참조)는 확신으로 분노와 자만, 원한과 사소한 집착에서 벗어
날 수 있는 균형 잡힌 인격으로 성장케 한다.

　돈보스코는 청소년을 교육하는 것은 '마음의 일'이라고 했다.
소크라테스는 '마음'을 보살피는 기능이 곧 이성이라고 한다. 또한
지성은 직관과 통찰이 동반되어지고 '좋음'의 빛에서 이루어지는
과정을 수반해 준다고 플라톤은 말한다. 신학에서의 이성은 로고
스를 의미하며 하느님의 말씀이다. 예방교육에서의 '이성'은 생명
을 살리는 참으로 인간적인 지성을 의미한다. 사물을 옳게 판단하
고 참과 거짓, 선과 악, 또는 아름답고 추함을 식별하는 힘이며, 정
신의 자유로움과 독립성을 밝혀주는 이성이다. 또한 머리에서 끝
나지 않고 반드시 실천으로 옮길 줄 아는 용기, 신중함, 이해, 자연
스러움, 정당함, 도리에 맞는 온당함과 논리를 말하기도 한다.
　이성은 절대적으로 강압(repression)이 아닌 표현(expression)의 여
백을 주는 교육이다. 청소년 스스로 자유롭게 자신의 정당함을 표
현하면서 자발적인 태도를 개발해 나가도록 하기 위해서는 교육자
스스로 이성적이어야 한다. 왜 이 일을 해야 하는지? 어떻게 분별
하여 선택해야 하는지? 스스로 이 난관을 어떻게 극복해야 하는지?

그리하여 기다려주고 들어주는 성프란치스코 살레시오의 온유와 인내가 교육자로서 무엇보다 중요한 덕목이 된다. 예방교육영성에 서의 온유함은 강함과 인내와 끈기이다. 또한 모든 인간은 '아름답 고 선하다(the goodness of creation)'는 확고한 믿음에서 실천 가능하 다. 그러므로 온유하고 겸손한 마음을 지닌 예수님은 살레시오 영 성의 비전이다. 아이들에게 감정적으로 반응(reaction)하기보다 이 성적으로 응답(respond)하고, 온유함으로 소통하는 균형 있는 교육 자의 자세는 불안한 청소년들에게 마음을 열게 해 주는 중요한 키 가 된다.

친절한 사랑(loving kindness), 마음을 사로잡는 마음(heart)

> "내가 아이들에게 바라는 것은 오직 한 가지, 늘 기뻐하는 것뿐입니다."
>
> – 돈보스코

예방교육에서의 '친절한사랑(loving kindness)'은 감응하는 사랑이며 실천을 수반하는 행동이며 자애로운 사랑을 의미 한다. 이 사랑은 "오래참고 친절"하며 "모든 것을 믿고 바 라고 견디어낸다"(1코린 13장 참조). 절망을 희망으로, 슬픔을 기쁨으로 바꾸게 하는 최고의 에너지를 발산하는 감응하는 사랑은 3S영성의 '스마일(Smile)'로 표현된다.

돈보스코가 말하는 사랑은 실천적이고 행동적이며 사랑받고 있음을 알게 하는 자애로운 사랑이다. 이태리어로는 감응하는 사랑(amorevolezza)이며 영어로는 친절한 사랑(loving kindness)라고도 한다. 이 사랑은 다른 사람의 상처나 즐거움을 그가 느끼듯이 느끼는 것이며 원인을 함께 인식하여 '마치 그런 것처럼' 상대방과의 동일화를 이뤄나가는 교육적 환경을 만든다.

젊은이들 안에서 '마음의 교류'를 이뤄내지 못하면 진정한 교육은 이뤄지지 않는다. 그들의 마음을 얻어낸다는 것은 곧 그 사람 전체를 얻는 것이다. 돈보스코의 교육이 성공할 수 있었던 커다란 비결은 바로 청소년에 대한 조건 없는 사랑과 친절한 애덕이다. 그래서 돈보스코는 '교육은 마음의 일'이라고 확신하고 아이의 마음을 얻지 못하면 그 어떤 교육도 시작하지 말라고 한다. 강압과 정확한 교정으로 빠른 결과가 나올지는 몰라도 아이의 마음은 떠난다. 느리더라도 서서히 일어나는 변화에 주시하는 것이 참교육이다.

마음에 다가가기 위해 아이의 관심에 온전히 마음을 쓰고 아이의 목소리와 톤, 얼굴 표정 등에 경청하여야 한다. 그렇게 할 때 아이는 자신이 존중받고 있음을 그리고 사랑받고 있음을 느끼게 된다. 돈보스코는 수많은 청소년들을 만나면서 '어떤 젊은이도 문제아는 없다'는 것을 확신했다. 다만 그들은 문제 속에 살 뿐이다.

결코 아이들에게는 '절망'이라는 단어는 용납하지 않기에 포기할 수 없다. 돈보스코는 사십여 년간을 젊은이들과 함께 살면서 결코 어떠한 체벌도 하지 않았다고 고백한다. 그러면서 아이들의 마음을 얻어낸 것이다. 따뜻하고 환대하는 환경은 예방교육에 있어서 매우 중요하다. 교정하고 가르치는 환경이 아닌 수용하고 인정해주는 환경이다.

교육은 젊은이들에게 희망의 표지인 기쁨을 창출해내도록 도와야 한다. 그래서 예방교육환경에서의 축제는 빠질 수 없는 중요 요소다. '죄'보다는 하느님의 '은총'에 기대며 모든 것을 좋게 작용됨을 믿는다. 돈보스코는 교육자에게 "나는 젊은이들이 행복하기를 진심으로 바랍니다. 이들이 어떻게 자신의 삶을 만족하며 기쁘게 살 수 있는지 가르쳐야 하겠습니다." 기쁘게 사는 것도 교육되어야 하는 것이다.

종교(Religion), 기쁨과 희망을 담은 거룩한 여정

"젊은이와 함께 예수님께로." – 돈보스코

"우리는 모두 거룩함에로 불림을 받았다."

– 성프란치스코 살레시오

돈보스코는 '종교 없이는 교육도 없다'고 말할 정도로 예방 교육영성에 있어 종교는 매우 중요하다. 돈보스코의 교육의 목적은 전적으로 젊은이들이 하느님의 은총 안에 머물면서 거룩하게 살아 성인이 되는 것이다. 살레시오의 '거룩함'은 평범한 일상에서 충실하게 봉사하면서 기쁘게 사는 것을 의미하며 이를 3S영성의 '서비스(Service)'로 표현한다.

우리는 세례 때에 받은 거룩한 불림에로의 여정을 거듭 연습해야 한다. 살레시오 성인은 '거룩함(holiness)'이란 용어가 평신도들에게 너무 어렵고 멀게 느껴질 것을 염려해 헌신(devotion)이라는 단어를 사용했다. 영적 삶에 대한 민첩함과 생생함을 의미하며 하느님 사랑에 나아가는 헌신적인 사랑이다. 즉 사랑을 행동으로 옮겨 실천하는 것을 말한다.

살레시오 성인의 시대만 해도 '거룩함'은 온전히 성직자나 수도자만을 위한 고유한 덕이었다. 그러나 살레시오는 모든 평신도들도 거룩하게 살아갈 권리와 의무가 있음을 강조하면서 평신도 특히 여성들에게 영적지도를 해 주었다. 이는 '모든 이가 거룩함에로 불림을 받고 있다'고 선언한 2차 바티칸 공의회의 정신에 대한 선구자적인 역할을 한 셈이다.

돈보스코는 젊은이들이 거룩함에로 초대받았음을 확신했다. 거룩함은 일상을 충실하고 기쁘게 살아가는 아주 구체적인 것이다. 살레시오 역시 '거룩함'에 있어 행동하지 않는 신심을 경계한다.

매일같이 다양한 기도문을 열심히 바치지만 이웃에게 냉정하고 거
만한 사람, 가난한 이웃에게 기부금을 척척 내놓지만 이웃의 작은
결점도 참지 못한다면 진정한 신심을 지닌 사람이라 할 수 없다는
것이다. 예방교육에서의 종교는 아이들에게 어떤 것에도 구속되지
않고 다만 사랑의 계약만이 있어 그 작은 사랑을 실천할 수 있도록
돕는 것이다.

　돈보스코의 교육목적은 젊은이들이 "선량한 그리스도인, 정직
한 시민"으로 성장하도록 한다. 착한 신자란 생명과 사랑, 기쁨과
자유, 수용과 온유함을 살아가는 하느님의 사람을 의미하며 정직
한 시민이란 유익하고 유용한 존재(useful citizen)로 살아가는 역동
성을 의미한다. 즉 사회에서의 역할을 인정하면서 존재에 대한 중
요성을 강조한다. 그러므로 종교와 도덕성에서 그 빛을 발하면 진
정한 부와 성공을 펼칠 수 있는 전인적인 인격을 지향한다. 그리스
도인으로서 동시에 시민으로서 행복한 하느님의 사람이 되도록 돕
는 것이다.

Chapter 5

청소년과의 소통을 위한 'Web 2.0'

'Web 2.0' 살레시오 청소년영성을 말하다

웹 2.0이라는 핵심어가 다양한 분야에서 커다란 주목을 받고 있다. 비즈니스와 마케팅은 물론 교육 분야에서도 많은 학자들이 웹 2.0에서 새로운 패러다임을 찾고 있다. 웹 2.0은 미국 오라일리 미디어(O'Reilly Media)의 데일 노허티(Dale Dougherty)가 닷컴 비블 붕괴 이후 성장을 거듭하는 기업의 공통점을 웹 2.0이라고 정의하면서 새로운 사회적 현상으로 부각되고 있다. 시시각각 변화하는 인터넷 환경에서 오는 거센 파동은 청소년을 교육하는 교육자에게 반드시 직면해야 하는 현실이다. 그러나 웹 2.0의 속성이 종교적이고 영성적일 수 있다면 카오스를 몰고 오는 디지털혁명과 손을 잡고 새로운 영성의 지평을 열어갈 수 있으리라 희망한다.

지식기반사회에서의 스터디영성, 2.0

"평범한 다수가 탁월한 소수보다 현명하다"

– 제임스 서로위키

제임스 서로위키는 '대중의 지혜'에서 대중의 다양한 의견이 모아진다면 최고 전문가의 지식 이상의 질을 높일 수 있다고 말한다. 소수의 몇몇이 아무리 탁월한 지능을 지녔다 해도 그들의 지식은 한 축을 이뤄낼 수는 있어도 거미줄처럼 얽힌 디지털세상에서 요구하는 만족스런 답은 내줄 수 없다. 부족하지만 자신의 한계를 인정하면서 나와 너 그리고 우리 '사이'에서 교류하며 모아지는 것, 그것이 소수의 탁월한 답보다 더 현명하다.

현 시대의 '지식'은 생계수단이며 경제성장의 중요한 도구이기에 최종적으로 만들어내야 하는 생산물이기도 하다. 미국의 경제학자 피터드러커(Peter Drucker)는 '가치창출을 위한 가장 기본적인 자원은 더 이상 자본이나 토지가 아니며 바로 인적자원에 의해 창출되는 지식'이라고 말한다. 그러기에 지식은 더 이상 엘리트 집단만이 소유하는 영역이 아니며 지식의 빈곤은 생존의 위협이 되기도 한다.

마케팅 이론에서 20%의 상품이 전체 80%를 만든다는 파레토법칙이 있다. 그러나 최근 와이어드 잡지의 편집장 크리스 앤더슨에 의한 롱테일 법칙은 이에 반대되는 개념이다. 즉 20%가 아닌 80%에 집중하라는 것이다. 머리만 보지 말고 보이지 않는 흩어져 있는 80%의 꼬리에 주목해야 한다. 롱테일 법칙은 평범한 일반인들의 참여와 공유로 성장하는 웹 2.0시대의 새로운 패러다임이다. 이러한 사회적 현상을 주목하는 교육계의 학자들도 Teaching 2.0을 들고 나오고 있다. 롱테일 법칙형에서 학생들의 지혜를 배우는

Teaching 2.0을 설계하라고 제안한다. 학습 텍스트는 교사에게만 있지 않고 학생 개인과 학생을 중심으로 한 세상과 학생들 간의 상호작용공간에 있다. 그래서 1.0의 닫힌 지식이 아닌 2.0의 생태적이며 맥락적 지식으로, 1.0의 소비하는 지식이 아닌 2.0의 생산할 수 있는 지식을 습득하도록 교육하여야 한다. 1.0은 1명의 인재가 10명을 먹일 수 있다고 한다. 그러나 2.0은 평범한 10명이 스스로 일어서야 소수의 인재도 존재한다는 것을 전제한다. 웹 2.0은 거창한 머리에만 집중하지 않고 길게 늘어진 꼬리의 희망을 읽어내며 평범한 아이들 하나하나에 세심한 주의를 기울인다.

*Reflection – '지식'은 '빵'이다

경제적 빈곤은 곧 지식의 빈곤으로 이어지고 인성의 빈곤으로까지 확산된다. 소외계층 어린이들은 정부의 '퍼주기'식의 일방적인 지원을 받는 경우가 많다. 그러나 소외계층 어린이들은 성인이 되어서도 '가난의 대물림' 현상이 심각하다. 가난은 죄가 아니지만 가난으로 심리적인 안정감을 잃게 하는 현실에서 구체적인 대안을 마련해야 한다. 자아가 튼실해야 가난도 이겨낼 수 있다. 청소년교육은 우리의 청소년들에게 하루 먹고 없어지는 빵을 주는 교육이 아닌 먹어도 철철 넘치게 남아 또 나누어 줄 수 있는 '빵과 물고기의 기적'을 이뤄내는 교육이어야 한다.

최근 기업들은 '감성마케팅'에 많이 의존하는 경향이 있다. 특히 광고를 보면 주의를 끌게 하는 색상이나 디자인을 강조하고 있다. 다니엘 골먼은 '이성에 호소함은 한계가 있고 감정에 호소해야 변할 수 있다'고 한다. 그러나 감성은 이성이나 지식을 제외한 나머지가 아니다. 감성에도 지능이 있다. 다니엘 골먼은 지성을 관장하는 신경계와 감성을 관장하는 신경계는 다르지만 이 둘은 서로 긴밀하게 얽혀있다고 한다. 그럼에도 불구하고 감성이 지능보다 더 강력한 힘을 갖고 있어 우리에게 위기가 닥치면 감정중추인 변연계가 뇌의 다른 부분을 통제한다고 한다.

웹 1.0은 소수전문가로 인하여 다수 개개인의 독특한 취향이나 의도에 따라 조정이 불가능하다. 또한 중앙 집중적 관리로 참여와 공유가 어려운 닫힌 체제이다. 그러나 2.0은 다수의 교류가 필수적이며 개인의 감성과 의도를 충분히 반영하여 조정이 가능하다. 2.0은 자율적으로 분산되어 독립적으로 움직인다. 그러면서 교류하고 참여하는 열려있는 동적 시스템이다. 1.0은 중앙 집중화되어 운영자 중심으로 정적으로 움직이지만 2.0은 사용자 중심으로 원하는 용도에 따라 자유롭게 움직이며 양적·질적으로 데이터가 다양하고 풍부하다. 2.0은 평범한 사람들 간에 공감하고 참여하는 교류의 장이다. 어디서 누가 어떻게 손을 내미는지는 알 수 없다. 그러나

소수의 몸짓이 다수의 돌풍까지 일으키는 나비효과(butterfly effect)
가 있다. 2.0은 개인의 힘을 강화시켜 창의적인 생산자로 부각시킨
다. 1.0은 꾸준한 인내 자체가 덕으로서 요구되지만 2.0은 재미와
즐거움이 함께 어우러져야 그 인내의 덕도 빛을 발한다.

살레시오적 기쁨의 영성은 고통을 감내하면서 극복하고 도전하
는 1.0의 삶의 방식에서 공감하고 교류하는 감성의 영역인 2.0으로
넘어가게 한다. 구체적이고 논리적인 1.0의 텍스트는 모호하고 막
연하지만 확산되는 의미를 주는 2.0의 이미지로 전환된다. 그렇게
함으로써 머리와 가슴이 서로 소통하고 생각과 느낌이 만난다.
스미일영성은 사랑받고 있음을 느끼게 해 주는 '친절한 사랑'이며
청소년의 '마음'을 사로잡는 '마음'의 핵이다. 오래 참고 기다리는
1.0의 인내는 시기하지 않고 개방하며 나누는 2.0으로, 믿고 바라
며 모든 것을 견뎌내는 1.0은 함께하는 즐거움을 누리는 재미의
2.0으로, 권위자로서의 1.0에서 파트너로서의 2.0으로 넘어가는 그
'사이'에서 마음을 움직이는 '마음'이 자란다.

*Reflection – 우리 모두는 공감할 수 있는 '관계'를 원하다!

교회가 차가운 건물이어서는 안 된다. 뜨건 피를 뿜어내는
심장이어야 한다. 마음과 마음의 교류를 이뤄내어 누구나
사랑받고 있음을 느낄 수 있어야 한다. 일반 기업이나 단체

들은 '마음'을 움직이는 리더십에 몰입하고 있다. 그들은 진정한 신뢰와 믿음으로 직원들 간의 호응과 공감을 이뤄낼 수 있도록 많은 시간을 투자하면서 연구하고 노력하고 있다. 그렇다면 우리는 무엇을 하고 있는가? 믿고 신뢰하고 참아야 하는 1.0, 고통하고 감내하며 극복해야 하는 1.0의 언어는 아이들의 2.0 '마음'과 어떤 교류를 이뤄내고 있을까?

생태시대의 서비스영성 2.0

우리 인간은 '관계'를 먹고 산다. 인간생태계의 먹이사슬은 '관계'로 이루어지기 때문이다. 웹 2.0은 '관계'를 토대로 참여하고 공유하고 나누면서 역동적인 생태계를 구축해나간다. 2.0 공동체는 획일적인 무리의 집단이나 어떤 확고한 목적을 수반한 이념적 집단이 아니다. 철저히 자율적이고 독립적이며 분산되어 있으면서 동시에 얼기설기 연결되어 보이지 않는 다수를 의미한다. 구심점은 없지만 실시간으로 변화하는 속도에 대응한다. 소유하지 않으면서 모두에게 연결되어 있다. 가둬두지 않지만 밖의 세상에 열려 있다. 1.0은 개인의 머릿속이 활동공간이지만 2.0은 나와 너 그리고 우리 세상의 모든 활동영역 간의 상호작용공간에서 생태계를 구축해나간다. 한 우리에 묶여있는 군중이 아니라 시간과 공간의 자유를 누리는 유목민이다. 그러면서 관계의 끈을 결코 놓지 않는다.

여기에 다수의 현명함이 드러난다. 말은 없지만 통교하고 공유한다. 누군가 주도하지 않지만 자발적이며 적극적이다. 체계적으로 순차적으로 과제를 풀어가지는 않아도 복잡한 많은 의견들을 동시에 풀어나간다. 2.0은 서로를 양육한다.

초대 교회공동체는 친교를 나누고 모든 것을 공동으로 소유하면서 동시에 저마다 필요한 대로 나누었다. 그들은 날마다 빵을 떼어 나누면서 즐겁고 순박한 마음으로 함께 먹고 마셨다(사도 2,42-47 참조). 초기 교회가 모든 것을 공유하면서 나눈 것이 '빵'이라면 웹 2.0시대는 무엇을 나누어야 하는가? 빵이 없는 사람에게 빵을 주는 것은 공유가 아닌 공급이다. 공급의 관계는 먹고 떠나는 관계이다. 그러나 공유는 서로 먹여주고 키워주는 생태적인 관계이다.

영성은 일상의 작은 책무를 수행하면서 '관계'를 통하여 이뤄나가는 과정이며 우정의 '관계'에서만이 하느님을 만나고 서로를 성장케 한다. 서비스영성은 '연결망'을 최고의 가치로 삼고 있다. 서비스영성은 '사람'을 위한 '사람'을 살리는 자발적인 선택과 행동으로 나에서 '우리(We)'로서의 존재가치를 구현하고 돈보스코처럼 '나에게 영혼을 주고 나머지는 다 가져 가라!'라고 외친다.

*Reflection – 공급이 아닌 공유의 '관계'

전 세계 이용자가 함께 만드는 백과사전인 위키피디아는 대단한 정보량을 과시하면서 큰 호응을 얻고 있다. 위키피디아는 인터넷상에서 누구나 자유롭게 제작과 편집에 참여할 수 있다. 자유롭게 추가하거나 수정도 가능하다. 특별한 자격을 요구하지도 않는다. 사전은 오류가 있어서는 안 된다는 기존 상식에 비추어본다면 이 사전을 과연 신뢰할 수 있을까? 그럼에도 불구하고 사람들은 운영자가 전혀 통제하지 않는 그것에 오히려 매료된다. 공유와 참여 그리고 개방으로 대중을 모으는 위키피디아는 대중의 지혜를 백분 활용하고 있다. 서로와 서로를 양육하는 '연결망'은 서비스영성의 비전이며 목표이다.

아웃사이더에게 희망을 주는 2.0

"과연 요즘에도 개천에서 용이 나올 수 있을까?"

하루에도 수백 명의 청소년이 오가는 청소년 수련원의 교사들은 더 이상 "개천에서 용이 나오지 않을까 두렵다"고 말한다. 대체로 가난한 아이들은 마음도 가난하고 읽기능력도 부족하다. 게다가 오기와 자존심 그리고 될 대로 되라는 포기와 분노가 있다. 교사들은

"소위 '좋은 학교'에서 오는 아이들의 모습은 달라도 뭐가 다르다"라고 말한다. 동시에 그렇지 않은 학교에서 오는 학생들은 욕설을 입에 달고 예의와 품의를 기대하기 어렵다. 그럼에도 불구하고 교사들은 '인성수련에서 가장 변화를 안고 돌아가는 이가 바로 문제가 있다고 생각하는 이 아이들'이라고 이구동성으로 말한다.

2.0은 소수의 탁월함이 아닌 다수의 아웃사이더의 평범한 지혜의 힘에서 변화를 꿈꾼다. 평범한 일반 다수를 향한 2.0의 치열한 혁명은 계속되고 있다. 살레시오 영성은 바로 이 평범한 '다수'를 향한다. 성프란치스코 살레시오는 평범한 일반 그리스도신자들을 위한 최초의 영성지도자였고 청소년의 스승이며 아버지인 돈보스코는 아웃사이더인 수많은 청소년들과 더불어 살면시 3S영성의 모태인 "예방교육영성"을 창안하고 실현하였다. 웹 2.0은 예방교육의 패러다임과 살레시오 청소년영성을 말하고 있다. 예수님이 극도로 몸을 낮추어 대중에게 다가가 진정한 소통을 이뤄낸 것처럼 2.0은 그렇게 대중 속에서 소통한다.

"나는 젊은이들이 행복하기를 진심으로 바랍니다.
이들이 어떻게 자신의 삶을 만족하며 기쁘게 살 수 있는지
가르쳐야 하겠습니다."

– 돈보스코

이 책의 목적은 바로 돈보스코의 이 가르침을 실현하기 위한 안내서입니다.

그래서 교육자가 먼저 행복하기를 바랍니다.

교육자 자신이 바로 '학습내용'이기 때문입니다.

이 책은 〈돈보스코의 예방교육〉에서 영감을 받아 3S로 풀어낸 실용도서입니다.

앞으로 저희 연구팀들이 그동안 청소년들을 위하여 실행해온 〈3S매뉴얼〉이 나올 것입니다.

모쪼록 교육자 여러분들이 청소년들을 향한 발걸음에 도움이 될 수 있기를 바랍니다.

위대한 '변화'의 꿈을 꾸는 청소년과 교육자에게 새로운 일상의 지침이 되리라

요즈음 이웃 간에 자녀에 대해 이야기할 경우 서로 물어보지 말아야 할 것들이 우스개로 회자되고 있다. '애, 공부 잘 하냐?', '애, 서울대학(?)에 갔냐?', '애, 졸업하고 취직했냐?', 그리고 끝으로 '얼마 전 결혼한 애, 아직 잘 사냐?' 등을 물을 경우 적게는 징역 5년에서 많게는 사형 수준에 해당하는 벌을 받는다는 것이다. 이 우스갯소리에는 우리 아이들이 내신 성적, 진학, 취업, 결혼해서 잘 살기 등의 인생 난관을 이겨내기가 갈수록 쉽지 않다는 사실을 잘 반영하고 있는 것 같다. 그렇다면 우리 아이들의 일상에는 왜 이렇게 갈수록 난관이 많아지는 것일까? 그것은 다른 무엇보다도 우리들의 라이프코스 레짐(regime)이 변화되고 있는 데 기인한 바 크다. 쉽게 말해 우리 아이들이 살아가는 인생의 이행경로가 점차 '길들여진 길(Tame zone)'에서 '야생 들판길(Wild zone)'로 바뀌어가고 있기 때문이다. 우리 아이들의 생활이 과거와 달리 점차 탈표준화, 개별화, 파편화되어 성인으로의 선형적 이행이 아니라 어디로 갈지 짐작할 수 없는 요요(yo-yo) 이행으로 변화하고 있는 것이다. 들판길에서 인생살이에서는 과거 중요시되던 '속도'보다는

나의 인생 비전 설정과 같은 '방향'이 중요하다. 그리고 들판길에
서는 '길을 잃지는 않을까' 하는 두려움과 사회적 배제의 위험에
노출될 위기가 많다. 따라서 과거와 달리 빈곤과 같은 전통적 위험
보다 시동이 꺼지지 않을까 하는 무기력, 무감동, 무책임과 같은
새로운 위험 요소가 크게 다가온다. 이런 변화 때문에 최근 개인의
비전과 성공을 위한 자기계발서가 인기를 얻고 있는 것 같다. 삶의
대응방식도 과거 집합적 형태의 기차(Train) 방식의 훈련(Training)
중심에서 개별적 동기화의 마차(Coach) 방식의 코칭(Coaching) 중심
으로 전환하고 있는 것이다.

우리 아이들을 둘러싼 이런 변화를 간파하고, 살레시오수녀회는
마음을 열어 시작하는 위대한 '변화'를 꿈꾸는 청소년의 행복 트라
이앵글을 핵심코드로 하는 '살레시오 청소년운동(SYM)'을 펼치고
있다. 살레시오수녀회가 꿈꾸는 청소년운동은 들판길로 변해 가는
인생 경로에서 생각(Study), 마음(Smile)과 몸(Service)을 통합된 인격
(3S)으로 만들어가는 교육자의 영성, 여기에서 아이들을 위한 기적
같은 변화를 실천해내고자 하는 것이다.

살레시오 청소년운동을 쉽게 풀어내 놓은 '살레시오 교육영성
Salesian Preventive System'은 지금의 변화에 대응하기 위해 하루
아침에 만들어진 것이 아니다. 160여 년 전 지금과 버금가는 사회

환경 변화에 직면하여 우리 아이들과 아픔을 함께했던 돈보스코의 위대한 유산인 예방교육영성에서 3가지 핵심요소인 이성(reason), 종교(religion), 친절한 사랑(loving kindness)을 오늘 우리 청소년들에게 보다 친밀하게 접근하기 위하여 '3S영성(STUDY, SMILE, SERVICE)'으로 재구성한 것이다. 즉 돈보스코 예방교육의 진리는 세월을 뛰어넘어 '사랑받고 있음을 느끼게 하라'는 청소년의 마음을 여는 열쇠로, 그리고 청소년이 '옳은 일을 선택하고(스터디), 자발적이며 기쁜 마음으로(스마일), 움직이며 헌신하는(서비스)' 행복한 사람이 되었으면 하는 목표로서 우리에게 일상의 영성으로 다가오고 있다.

이 책은 총 5장으로 구성되어 있다. 처음 3장은 살레시오 3S영성을 청소년과 교육자에게 이해하기 쉽게 사례 중심으로 풀어내고 있다. 네 번째 장은 3S의 비밀로서 예방교육영성이 왜 행복의 트라이앵글일 수밖에 없는지를 호소력 있게 전한다. 그리고 마지막 장인 5장에서는 예상하지 못한 충격과 만나게 된다. 살레시오수녀회는 소수의 탁월함이 아닌 다수의 아웃사이더의 평범한 지혜의 힘에서 변화를 꿈꾸는 살레시오 영성을 오늘날 세속의 첨단 변화를 이야기 하는 'web 2.0'의 집단 지성과 연결시켜 놓고 있다.

이 책을 읽는 청소년과 교육자들은 나와 같이 '지식기반사회에서의 스터디영성, 2.0', '감성시대의 스마일영성, 2.0', '생태시대의

서비스영성 2.0', '아웃사이더에게 희망을 주는 2.0' 등의 새로움
으로 무장한 살레시오 영성의 변신에 전율을 맛볼 수 있을 것이
다. 그리고 우리 자신의 나태함도 함께 돌아보게 될 것으로 확신
한다.

이 책의 놀라움은 이런 살레시오 교육영성의 새로운 변신된 내
용에만 머물지 않는다. 이 책의 전개 형식과 구성은 우리 아이들과
교육자들에게 마음으로 다가가기 위한 노력으로 가득 차 있다. 우
선 각 장별 첫머리는 나의 상태를 진단할 수 있는 검사지로 시작한
다. 변화를 꿈꾸기 위해 필요한 것들은 쉬운 사례 중심으로 때로는
실천 지침으로서 나로부터 비롯되는 변화로 엮어내고 있다. 그리
고 실천을 위한 보다 진전된 공부는 스터디 업, 스마일 업, 서비스
업 형태의 팁으로 제공하고 있다.

가방 끈은 짧았지만 세상의 변화(교실이데아, 시대유감)를 꿈꾸던
'서태지 세대'에서 이 길의 끝에서 내 꿈이 이루어질까(길) 하고
방황하던 'god 세대'를 거쳐 싸구려 커피를 마시며 루저(Loser)문화
를 표출하는 '장기하 세대'로 이어져 가는 우리 젊은 세대의 들판
길 위의 인생살이에서 살레시오 3S영성으로 꾸며진 이 책은 내용
면에서나 구성면에서 우리에게 새로운 도전이다. 자신의 인생을
다시 생각해 보고자 하는 청소년, 놀라운 변화의 꿈을 꾸고자 하는

청소년, 마음의 문을 열어 행복에 목마른 청소년은 이 책을 접하면 새로운 열림을 맛보게 될 것이다. 아이들과 접하며 마음이 답답해진 청소년수련관과 청소년문화의 집, 청소년수련원의 일선 청소년 지도자와 교육자들은 이 책과 함께 새로운 비전을 얻는 동시에 자신의 변화에 대한 나태함을 깨닫게 될 것으로 믿는다. 그리고 이 책의 내용과 구성의 변신에서 보여지는 살레시오수녀회의 새로운 놀라운 '세련됨'과의 만남은 오랫동안 잊혀지지 않는 놀라움으로 남겨질 것이다

경기대학교 청소년학과 교수

이광호

청소년의 영성, STUDY, SMILE, SERVICE로 양육됩니다!

청소년의 마음을 여는 3S영성은 바로 STUDY, SMILE, SERVICE가 만들어가는 행복 트라이앵글입니다. 쉬지 않고 공부(STUDY)하는 사람만이 생각을 일깨울 수 있습니다. 생각도 쓰면 쓸수록 더욱 유연해집니다. 지금 우리가 단련해야 될 근육은 '육체적 근육'보다 '생각근육'입니다. 생각근육을 단련하는 가장 강력한 방법, 바로 공부입니다. 공부해야 '생각'이 바뀌고 '생각'이 바뀌어야 내 '생활'이 바뀝니다. 공부하는 사람은 자만심보다 자긍심이 강합니다. 스스로의 한계를 인정하고 자신이 잘 할 수 있는 일에 집중하면서 긍정적으로 살아가는 사람이 바로 자긍심이 강한 사람입니다. 자긍심이 강한 사람은 언제나 미소(SMILE)를 잃지 않습니다. 미소를 잃지 않는 사람은 어떤 시련과 역경이 다가와도 '걱정'보다는 '긍정'을 선택하고 주어진 상황을 '부정'하지 않고 '인정'합니다. 그리고 조용히 미소를 건네줍니다. 미소는 삶을 풍요롭게 의미 있게 바꾸는 마력이 있습니다. 세상에서 가장 좋은 '글'은 '싱글벙글'이라고 합니다. 미소를 잃지 않는 사람은 한눈 팔지 않고 끊임없이 공부하면서 사람들에게 '싱글벙글' 재미와 즐거움을 선사할 수 있는 '글'을 씁니다.

　3S영성을 추구하는 사람의 마지막 미덕, 바로 서비스 정신입니다. 3S영성을 추구하는 청소년은 남다른 생각으로 새로운 가능성의 문을 열어가는 공부(STUDY)와 시련과 역경이 다가와도 '위기' 속에서 '기회'를 찾는 긍정의 미소(SMILE)를 다른 사람에게 선물하는 인생을 살아갑니다. 다른 사람에 대한 깊은 애정과 관심을 갖고 자신의 생각을 나누고 함께 머리를 맞대고 고민해 줍니다. '걸림돌'에 넘어져 아파하는 사람에게 '디딤돌'을 건네주면서 긍정의 미소를 선물합니다. 장애물에 직면해서 좌절하고 '절망'히는 사람들에게 '희망'의 꽃다발을 선물합니다. 3S영성의 화룡점정, 남을 위한 헌신적인 봉사(SERVICE)입니다. SERVICE는 공부를 통해 깨달은 생각의 지평과 지혜, 그리고 어려움 속에서도 좌절하지 않는 절대 긍정의 미소가 얼마나 중요한지를 온몸으로 전해 주는 3S영성의 실천하는 양심입니다.

　이 책은 '방황' 속에서도 '방향'을 잃지 않으면서 삶의 소중한 의미가 무엇인지를 일깨워주고, '절망' 속에서도 '희망'을 찾아 나서야 되는 이유가 무엇인지를 알게 해 주는 데 많은 도움이 될 것입니다. 우리가 살아가는 삶은 원래 아무런 문제없이 달려 나가는 '직선'이 아니라 이런 저런 어려움을 겪으면서 헤매는 방황의

‘곡선’입니다. ‘곡선’의 궤적 속에 삶의 아름다움이 고스란히 담겨 있습니다. ‘아름다움’은 앓고 난 사람이 갖는 ‘사람다움’이라고 합니다. 나무도 아무런 어려움 없이 빠르게 성장한 ‘목재’보다 온갖 어려움 속에서도 생명의 소중함을 알고 자란 ‘분재’가 더욱 아름답습니다. 아프면서 크지만 아픈 만큼 성숙해지는 ‘아름다움’을 알고자 하는 모든 사람들에게 이 책을 권합니다. 이 책을 읽는 모든 사람들에게 아름다운 영성의 빛이 함께하기를 기원합니다.

한양대학교 교수 · 지식생태학자

유영만

✝ 찬미예수님,

여기 청소년을 사랑하는 한 수녀님이 청소년을 사랑하는 사람들을 위해 마련한 책이 있습니다.

이름하여 "청소년의 마음을 여는 행복 트라이앵글"이라 합니다.

트라이앵글은 Study, Smile, Service라 합니다.

제가 신학교 다니던 시절, 신학생들의 목표가 3S라는 말을 많이 들었습니다.

Scientia(학문), Sanctitas(거룩한 삶), Sanitas(건강)이었습니다.

말하자면 머리와 마음과 몸을 건강하게 하여 전인적 성숙을 도모하는 것이 신학교 교육의 목표였습니다.

수녀님은 오늘날 청소년에게 필요한 3S Study, Smile, Service를 제안합니다.

오늘날 우리나라 젊은이 교육은 방향을 잃고 방황하고 있습니다.

고등학교는 좋은 대학에 입학하기 위한 학원으로 전락되었고, 대학은 취직을 위한 전문학교가 되었습니다.

고등학교에서는 대학 입학에 필요한 과목만 공부합니다. 대학에서는 취직이 잘되는 과만 살아남습니다.

수녀님은 우리나라 젊은이들은 잘 자라나기 위하여 사랑이 필요
하다고 말합니다.

그들이 그 사랑을 깨닫도록 하는 일이 필요하다고 말합니다.

맞는 말입니다.

젊은이들에게 필요한 것은 사랑과 관심입니다.

젊은이들이 성장하도록 우리가 어떻게 도와주어야 하는지 잘
알려주는 레바논의 시인 칼릴 지브란의 시가 있습니다.

"그대들의 아이라고 해서 그대들의 아이는 아닌 것이다.

아이들이란 스스로 갈망하는 삶의 딸이며 아들인 것이다.

그대들을 거쳐 왔을 뿐 그대들에게서 온 것이 아니다.

그러므로 비록 지금 그대들과 함께 있을지라도 아이들이란 그대
들의 소유는 아닌 것이다.

그대들은 아이들에게 사랑을 줄 수 있으나 그대들의 생각까지
줄 수는 없다.

왜? 아이들은 아이들 자신의 생각을 가졌기 때문이다.

그대들은 아이들에게 육신의 집을 줄 수는 있으나 영혼의 집마저
줄 수는 없다.

왜? 아이들의 영혼은 내일의 집에 살고 있는 까닭이다.

그대들은 결코 찾아갈 수 없는, 꿈속에서도 가 볼 수 없는 내일의

집에 살고 있기 때문이다.

그대들은 아이들과 같이 되려 애쓰되 아이들을 그대들과 같이 만들려 애쓰지 말라.

왜? 삶이란 결코 뒤로 돌아가진 않으며, 어제에 머물지도 않는 것이기 때문이다.

그대들은 활, 그대들의 아이들은 마치 살아있는 화살처럼 그대들로부터 앞으로 쏘아져 나아간다.

그리하여 사수이신 하느님은 무한의 길 위에 한 표적을 겨누고 그분의 온 힘으로 그대들을 구부리는 것이다.

그분의 화살이 보다 빨리, 보다 멀리 날아가도록.

왜? 그분은 날아가는 화살을 사랑하시는 만큼, 또한 흔들리지 않는 활도 사랑하시는 까닭이다."

수녀님의 이 책이 "하느님이 보시기에 매우 좋은" 젊은이들로 성장하는 것을 도와줄 수 있을 것입니다.

젊은이를 사랑하는 모든 분들에게 평화와 기쁨을 기원합니다.

한국천주교 주교회의 청소년사목위원회 위원장
조규만 주교